高齢者施設 お金 選び方 入居の流れ がわかる本 第2版

太田差惠子
Saeko Ota

親の介護に限界を感じる前に！

SHOEISHA

主な施設の種類と費用や入居の目安

		名称	特徴	要介護度	
介護型（支援や介護が必要な人向け、65歳以上）		特別養護老人ホーム（特養）P68	介護保険で入居できる施設。低コストのため人気が高く、待機者が多数いるところも。看取り対応まで行うところが増えている	要介護3以上	
		老人保健施設（老健）P70	入院治療を終えて退院後、在宅復帰を目指すことを目的に。特養の入居待機場所として利用しているケースも多い。入居期間は原則3か月	要介護1以上	
		介護療養型医療施設（療養病床）P72	急性期の治療が終わり、長期の療養が必要な場合に入居する。病院に併設されているところが多い（2024年3月末までに他施設に転換、廃止）	要介護1以上	
		介護医療院P72	介護療養型医療施設の転換先として、2018年度に創設された。医療ケアが必要で長期療養となる要介護者が対象	要介護1以上	
		介護付き有料老人ホームP76	施設職員がサービスを提供する民間施設。料金が高めのところが多い【特定施設】	要支援1以上	
		サービス付き高齢者向け住宅（サ高住）P78	施設職員がサービスを提供する民間施設。介護付き有料老人ホームよりも料金がやや安いところも【特定施設】	要支援1以上	
		グループホームP82	認知症の高齢者向けの民間施設。自宅のような家庭的な環境のもと、少人数で暮らす	要支援2以上	
		ケアハウス（軽費老人ホーム）P84	福祉施設。「特定施設」の指定があれば、サービス内容は特養・他の特定施設（有料老人ホーム・サ高住）との大きな違いはない【特定施設】	要支援1以上	
		小規模多機能型居宅介護施設（小規模多機能）P86	自宅に住みながら施設への「通い」と、利用者の自宅を訪れる「訪問」、必要に応じて「宿泊」の3つのサービスを受けられる。介護保険の地域密着型サービス	要支援1以上	
住宅型（比較的元気な人向け、60歳以上）		住宅型有料老人ホームP74	食事のサービスや家事支援、レクリエーションなどのサービスが受けられるところが多い。価格帯の幅は広い。介護サービスは別途契約	自立〜中度	
		サービス付き高齢者向け住宅（サ高住）P78	安否確認と生活相談サービスを受けられる。オプションで食事や家事支援のサービスを受けられるところも。介護サービスは別途契約	自立〜中度	
		ケアハウス（軽費老人ホーム）P84	身の回りのことはできるが、家事など自宅での生活が困難な人向けの福祉施設。比較的低コスト。介護サービスは別途契約	自立〜中度	

※ ×の施設でも、利用する介護保険の居宅サービスについては高額介護サービス（P211）の対象となる。

◎…原則、対応する　　○…対応するところが多い
△…ケースによっては対応　　×…原則、対応しない

初期費用の目安（入居一時金や敷金）	月額利用料	所得による負担軽減※	認知症の受け入れ	看取りの対応	申し込み地域条件
なし	5〜15万円	◎	◎	○	全国どこでも申し込めるが、住民登録を優先する自治体が多い
なし	6〜17万円	◎	◎	○	全国どこでも
なし	6〜17万円	◎	◎	◎	全国どこでも
なし	6〜17万円	◎	◎	◎	全国どこでも
0〜1億円	10〜40万円	×	○	○	全国どこでも
0〜1億円	12〜25万円	×	○	○	全国どこでも
0〜100万円	12〜18万円	△	◎	△	住民票のある自治体のみ
0〜数百万円	10〜30万円	◎	○	○	全国どこでも申し込めるが、住民登録を優先する地域もある
居宅サービスのため不要	介護度に応じて定額。例：要介護3で約2.5万円（食費・宿泊費別）	×	○	△	住民票のある自治体のみ
0〜1億円	10〜40万円＋介護費	×	△	△	全国どこでも
0〜数十万円	8〜20万円＋介護費	×	△	△	全国どこでも
0〜数百万円	8〜20万円＋介護費	◎	中等度以上の認知症だと難しい	×	全国どこでも申し込めるが、住民登録を優先する地域もある

施設見学時にチェックする主なポイント（介護目的の場合）

①第一印象
- ☐ 親が馴染みやすそうな雰囲気か？
- ☐ 施設長やケアマネジャーの介護や施設運営の理念・考え方（共感できるか？）
- ☐ 職員の入居者との接し方。食事中の様子など（対話・介助の様子）
- ☐ 職員の表情は明るいか？ どのような表情で職員同士・入居者と話しているか？
- ☐ 入居者の表情と介護を要する度合い、男女比など（自分の親は馴染めそうか？）

②医療との連携
- ☐ 嘱託医の専門分野、提携病院の場所、診療科目、送迎の有無と費用、専門以外（例えば歯科や耳鼻科、認知症対応）の医師との連携
- ☐ 看護師の体制（24時間？ 日中のみ？）
- ☐ 入院時のサポートはあるか？ また、入院中に免除される費用はあるか？
- ☐ 退院後のサポート体制はあるか？
- ☐ 看取りまで行うか？ その実績は？

③食事
- ☐ 介護食や療養食の用意はあるか？
- ☐ メニューを選ぶことはできるか？
- ☐ 食べたくないときには、キャンセルできるか？

④居室、共用スペース

- [ ] 広さ、収納スペースは十分か？
- [ ] 窓から見えるものや騒音（墓や病院が見えることを嫌う親は多い。救急車のサイレンなど）
- [ ] トイレや洗面スペースへの動線
- [ ] 居室以外でくつろいだり、楽しんだりできる共用スペースはあるか？
- [ ] 食堂、大浴場への動線（自分で行けなくなったら？）
- [ ] 入浴は週に何回？ それ以上を希望した場合の費用は？

⑤外出・面会

- [ ] 外出時に施設の許可は必要か？
- [ ] 入居者一人での外出を認めているか？
- [ ] 認知症の入居者が一人で外出することを防ぐ手立ては？
- [ ] 家族との面会時間は？ 居室以外で面会できるスペースはあるか？

⑥退去通告

- [ ] 長期入院で退去となるケースはあるか？（「長期」の具体的な日数も確認）
- [ ] 認知症が進んだ場合に、退去となるケースはあるか？
- [ ] これまで、どのようなケースに退去を勧めたか？ その場合、次の行き場の紹介は？
- [ ] グループ内の施設に転居することは可能か？

5

本書内容に関するお問い合わせについて

このたびは翔泳社の書籍をお買い上げいただき、誠にありがとうございます。弊社では、読者の皆様からのお問い合わせに適切に対応させていただくため、以下のガイドラインへのご協力をお願い致しております。下記項目をお読みいただき、手順に従ってお問い合わせください。

●ご質問される前に

弊社Webサイトの「正誤表」をご参照ください。これまでに判明した正誤や追加情報を掲載しています。

    正誤表   https://www.shoeisha.co.jp/book/errata/

●ご質問方法

弊社Webサイトの「刊行物Q&A」をご利用ください。

    刊行物Q&A   https://www.shoeisha.co.jp/book/qa/

インターネットをご利用でない場合は、FAXまたは郵便にて、下記"愛読者サービスセンター"までお問い合わせください。
電話でのご質問は、お受けしておりません。

●回答について

回答は、ご質問いただいた手段によってご返事申し上げます。ご質問の内容によっては、回答に数日ないしはそれ以上の期間を要する場合があります。

●ご質問に際してのご注意

本書の対象を越えるもの、記述個所を特定されないもの、また読者固有の環境に起因するご質問等にはお答えできませんので、あらかじめご了承ください。

●郵便物送付先およびFAX番号

送付先住所   〒160-0006   東京都新宿区舟町5
FAX番号   03-5362-3818
宛先   （株）翔泳社 愛読者サービスセンター

●免責事項

※本書の内容は2019年5月現在の法令等に基づいて記載しています。
※本書に記載されたURL等は予告なく変更される場合があります。
※本書の出版にあたっては正確な記述に努めましたが、著者および出版社のいずれも、本書の内容に対してなんらかの保証をするものではなく、内容やサンプルに基づくいかなる運用結果に関してもいっさいの責任を負いません。
※本書に記載されている会社名、製品名は、一般に各企業の商標または登録商標です。
※本書ではTM、®、©は割愛させていただいております。

はじめに

「在宅介護はムリ、親には施設に入居してもらいたい。でも……」

本書を手に取ってくださった方の多くが、そんな悩みを抱えているのではないでしょうか。あるいは、いずれ直面するであろう「親の介護」に備えて情報収集を始めたばかり、という方もいるかもしれません。

介護では難しい選択を迫られることが少なくありません。中でも、在宅介護から施設介護への移行は、「どちらがベターか？」と悩む場面が多々あります。しかも、次のように "越えなければいけないハードル" がいくつもあります。

1　そもそも、親本人が施設入居に否定的
2　施設の種類が多く、情報収集するにも何から手をつければいいのかわからない
3　施設入居に必要な費用の見当がつかない

本書は、2016年に出版した本の第2版です。初版は多くの方に読んでいただき刷りを重ねることができました。初版を読んでくださった方からは、さまざまな感想をいただいています。

「本書を携え、思い切って、一人で近場の施設を見学してみた。確かに、3か所続けて見学したら、施設の違いや費用の考え方を理解できるようになった。施設見学の手順がわかったので、今後は親を連れて本格的に探します」

「親は施設入居を嫌がっていました。でも、嫌がっているのは自分の親だけではないことがわかり心強かったです。本書を参考に体験入居を活用し、施設介護に移行することに成功しました」

中には、こんな声もありました。

「もう少し早く、この本に出会いたかった。呼び寄せて、施設に入居してもらったが、『方言』の違いなどでなかなか馴染めずにいる。親の

地元の施設のほうがよかったのではないかと悔やんでいる」

　私は1993年頃から老親介護の現場を取材し、遠距離介護を行う子を支援するNPO活動にも取り組んでいます。多くの子世代が親の介護で悩む姿を目の当たりにしてきました。

　その上で、在宅にしろ、施設にしろ、「介護は情報戦」だと考えるようになりました。特に施設介護を選ぶ際には、「今」だけを見るのではなく、先を見据えて情報を取捨選択することが必要です。

　長寿の時代ですから、5年先、10年先も親は存命し、子であるあなたも年齢を重ねている可能性があるからです。親は100歳を超え、あなたも70代、ひょっとすると80代に突入するかもしれません。幸せなことではありますが、体力的にも経済的にも、今とは様相が変わっていると思われます。

　今回の第2版では、より「自分のこと」「自分たち家族のこと」として読みやすい構成に変えるとともに、初版刊行後に変更のあった制度や情報を反映しました。また、2章「『親の施設探し』を始める前に知っておきたいこと」、8章「親が入居した後で、子がやること・考えること」という章を設けました。後々「こんなはずでは……」とならないように、ぜひ「施設介護」の全体像を知っておいていただきたいと思います。

　本書が、親の入居する施設選びで悩んでいる皆さまの一助となれば幸せです。

2019年初夏
太田差惠子

子が親の施設選びをする際の 11 か条

1 条 あくまで親の人生、判断力があれば親の意思を尊重する

2 条 切羽詰まってからでは子の判断力も鈍りがち。3 歩早めに情報収集

3 条 見学は必須。費用も大切だけれど、「相性」も大事

4 条 過度の期待はせず、あれもこれもと望まない

5 条 施設の種類にとらわれず、自分たちのニーズを満たす施設を探す

6 条 親の自宅の近くか、子の自宅の近くか、当人含め家族でしっかり話し合う

7 条 施設費用は原則当人のお金をあてる。ムリな経済的支援は続かない

8 条 入居一時金、月々の費用、オプション料金を理解する。入居一時金が必要な施設は、「クーリングオフ」の確認必須

9 条 在宅介護に戻ることが困難なら、「看取り」についても要確認

10 条 「帰りたい」と言われることは覚悟する

11 条 施設入居しても介護は続く。終わりではなく、新たなスタート

目次
contents

主な施設の種類と費用や入居の目安 2

施設見学時にチェックする主なポイント（介護目的の場合） 4

はじめに 7

子が親の施設選びをする際の11か条 9

chapter 1 親の施設入居を考えるとき ──ケーススタディ

親の施設入居を考えるのはどんなとき？ 18

01 離れて暮らす80代の両親
身の回りのことはできるが…… 20

02 父親を看ていた母親が入院
子は仕事があるので介護できない 22

03 実家で暮らす母親は認知症 父親が介護に疲れている 24

04 90歳を過ぎた母親 いつまでも一人暮らしは困難 26

05 近所で一人暮らしの母親
掃除など家事に手が回っていない 28

06 同居の母親に認知症の診断
日中一人にさせるのは不安 30

07 故郷で暮らす母親が骨折で入院
退院後に一人暮らしはムリ 32

08 要介護4の父親の在宅介護は限界
でも「特養」には空きがない！ 34

コラム❶ 在宅？ 施設？ 悩んだら地域包括支援センターに相談 36

chapter 2 「親の施設探し」を始める前に知っておきたいこと

- 01 親任せでは進まない施設探し どこまで口を出していい？ …… 38
- 02 他の人は、どんなときに親の施設探しを決断している？ …… 40
- 03 親に「施設は嫌だ」と言われたらどうすればいい？ …… 42
- 04 前向きでない親に、施設入居を納得してもらうコツはある？ …… 44
- コラム❷ ショートステイ利用を繰り返して施設に …… 45
- 05 「親の施設入居」についてきょうだい間で意見が合わない …… 46
- 06 施設の場所は実家近くか？ 子の家の近くか？ …… 48
- 07 新規オープンの施設は「穴場」って本当？ …… 50
- 08 両親そろって入居するなら、2人部屋か？個室を2つか？ …… 52
- 09 入居した後で、利用費が値上がりすることはない？ …… 54
- 10 特養入居の待機期間を短くするコツはある？ …… 56
- 11 施設に入れば「終の棲家」になる？ …… 58
- 12 数種の施設を運営しているところのほうがいい？ …… 60
- 13 医療依存度の高い親は病院併設が安心？ …… 62
- コラム❸ 「無届けホーム」は、より慎重に判断を …… 64

chapter 3 施設の種類とサービスの違いを知ろう

01 そもそも高齢者施設は「福祉」？「営利」？ 66

02 特別養護老人ホーム（特養）とはこんなところ 68

03 老人保健施設（老健）とはこんなところ 70

04 介護療養型医療施設、介護医療院とはこんなところ 72

05 住宅型有料老人ホームとはこんなところ 74

06 介護付き有料老人ホームとはこんなところ 76

07 サービス付き高齢者向け住宅（サ高住）とは
こんなところ 78

08 サービス付き高齢者向け住宅【特定施設】とは
こんなところ 80

09 グループホーム（認知症対応型共同生活介護）とは
こんなところ 82

10 ケアハウス（軽費老人ホーム）【住宅型・介護型】とは
こんなところ 84

11 小規模多機能型居宅介護施設とはこんなところ 86

12 さまざまな高齢者向けの住まい 88

コラム❹ 「仕事付き高齢者向け住宅」って何？ 90

chapter 4 施設にかかるお金を確認する

- **01** 施設入居のための「親の資金」を把握しよう ……… 92
- **02** 「入居から亡くなるまで」の資金計画の立て方 ……… 94
- **03** 子が親への経済的支援を検討するときの注意点 ……… 96
- **04** 介護保険を賢く利用して出費を抑えよう ……… 98
- **05** 特養、老健、医療院、療養病床でかかる費用の内容は？ ……… 100
- **06** 有料老人ホームでかかる費用の内容は？ ……… 102
- **07** サ高住でかかる費用の内容は？ ……… 104
- **08** 小規模多機能でかかる費用の内容は？ ……… 106
- **09** 入居一時金を支払う場合の損得の考え方 ……… 108
- **10** 民間施設で月額利用料の他にかかる費用とは？ ……… 110
- **11** 結局、親の施設入居にはいくらかかる？ ……… 112
- **12** 「高額費用＝サービスがいい」とは限らない ……… 114
- **13** 介護保険施設には「居住費」「食費」の減額制度がある ……… 116
- **14** 年金受給額の少ない親 特養の月額利用料はいくら？ ……… 118
- **15** 親の家を貸し出して施設費用にあてる方法 ……… 120
- **コラム⑤** 「特養」はお安いんじゃなかったの？ ……… 122

chapter 5 施設探しから入居まで——大切な10のステップ

01 親の施設探し 10のステップ、その流れ ……… 124

02 まずは、施設探しの「予行演習」開始 ……… 126

03 ステップ1　入居の目的を明確にする ……… 128

04 ステップ2　条件の優先順位を決める ……… 130

05 ステップ3　予算の目安を立てる ……… 132

06 ステップ4　情報収集をする ……… 134

07 ステップ5　候補の施設を絞り込む ……… 136

08 ステップ6　親・きょうだいと意思の確認 ……… 138

09 ステップ7　実際に見学に行ってみる ……… 140

10 ステップ8　体験入居をしてみる ……… 142

11 ステップ9　入居先を決定し、契約を結ぶ ……… 144

12 ステップ10　いよいよ入居！ ……… 146

コラム6　住宅型有料老人ホームが多い理由 ……… 148

contents

chapter 6 実際に足を運んで確認したいこと

- 01 見学は入居先を決めるための重要なプロセス ……… 150
- 02 見学にお勧めの時間帯はランチタイム ……… 152
- 03 施設長・ケアマネジャーと話してみよう ……… 154
- 04 周辺の環境や交通手段に不都合がないか？ ……… 156
- 05 居室はもちろん共用スペースもしっかり見る ……… 158
- 06 併設事業所との関係やサービス内容を確認 ……… 160
- 07 入居者の外出や外泊、面会のルールは？ ……… 162
- 08 レクリエーションはどんな風に行われている？ ……… 164
- 09 介護が必要になったら部屋を移動？ ……… 166
- 10 体験入居やショートステイで施設の生活を知る ……… 168
- コラム❼ 施設探しは、まるで「就職活動」？ ……… 170

chapter 7 契約前に確認しておくこと

- 01 契約形態や利用料の支払い方式について確認 ……… 172
- 02 施設の経営状態もしっかりチェック ……… 174
- 03 施設選びに欠かせない重要事項説明書① ……… 176

04 施設選びに欠かせない重要事項説明書② ……… 178

05 契約に必要な身元引受人・保証人 ……… 180

06 入居一時金は「クーリングオフ」ができる ……… 182

07 骨折などのケガに対する施設の賠償責任を確認 ……… 184

08 有料老人ホーム倒産に備えた
「一時金の保全措置」とは？ ……… 186

09 入居にあたっての面談・契約時の注意点 ……… 188

コラム⑧ 施設に過度の期待は禁物 ……… 190

chapter 8 親が入居した後で、子がやること・考えること

01 施設入居後も「通い介護」で親を支える ……… 192

02 親が「家に帰りたい」と言い出したら…… ……… 194

03 本人の判断力低下に備えたお金の管理方法を検討 ……… 196

04 強制退去となるのはどんな場合？ ……… 198

05 施設での暮らしに必要なケアプランの作成に参加する ……… 200

06 「看取り」についての意思表示をしておく ……… 202

07 施設職員と良好な関係を築く ……… 204

コラム⑨ 「施設介護」は親不孝ではない ……… 206

巻末資料 ……… 207

おわりに ……… 215

chapter 1

親の施設入居を
考えるとき
——ケーススタディ

子が親の施設入居を検討するのは、どのようなときでしょう。8組の親子のケースから、その事情と選び方をシミュレーションしてみましょう。
詳しくは後の章で説明しますが、同じ種類の施設でも行っている介護の内容は異なります。

親の施設入居を考えるのはどんなとき?

巻頭の表の通り、高齢の親が入居できる施設にはさまざまな種類があります。どの施設が入居の候補となるかは、親と子の状況によっても異なります。まずは8組のケースから選択肢を考えてみましょう。

※施設の内容や家族ごとの背景によっては、本書での提案がベストの方法とは限りません。

両親がそろっているケース

ケース❶

両親は二人暮らし。ともに健在で身の回りのことはできるが、もう80代。そろそろ施設へ入居してくれると安心だけど……。

詳細は P20 →

ケース❷

両親と子の夫婦が二世帯住宅で暮らしている。父親の介護は母親が行っていたが、疲れもあって母親が入院! これからどうすればいいだろう……。

詳細は P22 →

ケース❸

両親は二人暮らし。母親が認知症で、介護を行う父親の疲労が蓄積。両親そろって同じ施設への入居を検討している。

詳細は P24 →

親が一人のケース

ケース **1**

90歳を過ぎた母親が一人暮らし。子も67歳となり、健康に不安が生じてきた。将来のことを考えると、母親には施設に入居してほしい。

詳細は P26 →

ケース **2**

近所で暮らしている母親が要支援の認定を受けている。子は仕事で出張が多く、「不在時に倒れたりしたら……」との不安から、施設に入居してもらうことを検討中。

詳細は P28 →

ケース **3**

母親と子の二人暮らし。母親が認知症となり、子の不在時に何かあったらと心配だが、施設入居で環境が変わったら症状が進行しないだろうか？

詳細は P30 →

ケース **4**

一人暮らしの母親が骨折で入院。間もなく退院するが、もとの一人暮らしに戻るのは困難に思える。施設に入居してもらいたいが……。

詳細は P32 →

ケース **5**

一人暮らしの父親は要介護度4で、在宅での介護はもう限界。特別養護老人ホームに申し込んではいるが、なかなか入居の順番が来ない。

詳細は P34 →

■両親がそろっているケース①

01 離れて暮らす80代の両親 身の回りのことはできるが……

両親に住み替えの意思があるか確認した上で、情報収集から始めましょう。

Q 車で1時間ほどのところに暮らす両親は二人暮らし。どちらも持病はあるものの、身の回りのことはでき、介護保険の申請はしていません。とはいえ、もう80代。このまま元気な状態が続くとは思えず……。今のうちに、両親そろって施設に入ってくれたら安心だけど、どんな施設がいいですか？

■ 親の意思を確認することが大切

　まずは、両親に自宅から施設に住み替える気持ちがあるかを聞くことが必要です。高確率で、親は「**この家で暮らし続けたい**」と考えています。その場合、子の心配は「余計なお世話」です。

　両親の意見が同じとも限りません。父親は「住み慣れたこの家で最期まで暮らしたい」、母親は「安心して暮らせる施設に移りたい」と、それぞれの思いが異なることもあります。2人とも在宅希望の場合、あるいは両親の意見がそろわない場合は、住み替え案はひとまず置いておき、**在宅のまま安心できる環境を構築する**ことを考えましょう。

　例えば両親に携帯電話を持ってもらって、緊急時の連絡が密にできるようにしておくとか、親のお隣さんに「何かのときは、のぞいていただけませんか」とお願いしておくだけでも安心感は高まります。

　介護保険を使うほどでなくても、自治体が行う高齢者向けのサービスを利用できる場合もあります。ボランティアや民間の居宅サービスもあります。親の住所地を管轄する**地域包括支援センター**で情報提供してくれるので相談してみましょう。

■ 心身状態が同レベルの入居者が多いところを検討

両親ともに在宅での暮らしに不安を覚え、住み替えに前向きなのであれば**情報収集**から始めてみましょう。身の回りのことができるのであれば、要介護判定で「自立」に該当する親が安心して暮らせる**「住宅型」**の施設が選択肢となります。

「介護型」の有料老人ホームなどでも、自立の高齢者を受け入れるところは少なくないですが、元気な親が、介護度の高い入居者に囲まれると、前向きな気持ちをそがれることがあります。見学時に自立の入居者の割合や、その人たちがどのような生活をしているか確認しましょう。

フロアを替えるなど、元気な人と介護の必要な人、認知症の人の居住空間を分けているところもあります。

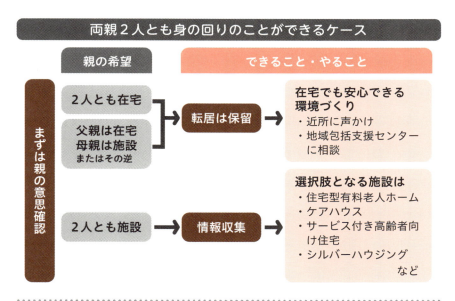

地域包括支援センター：住所地ごとにある、介護に関する総合相談センター的な役割を担う機関。詳しくはP36のコラムで解説。

介護型施設：施設の職員から24時間体制で介護サービスを受けられる施設。

住宅型施設：別途契約により外部スタッフから介護を受ける施設。介護の度合いが重くなると「介護型」より費用が割高になることもある。

■両親がそろっているケース②

02 父親を看ていた母親が入院 子は仕事があるので介護できない

母親の主治医、父親の担当ケアマネジャーらに相談しながら、適する施設を検討しましょう。

Q 僕ら夫婦は両親（80代）と二世帯住宅で暮らしています。父親は要介護3。介護保険の居宅サービスを使いながら母親（自立）が主に介護してきましたが、その母親が倒れて入院。介護疲れもあるようです。ひとまず父親はショートステイを利用していますが、いつまでもというわけにはいきません。夫婦ともフルタイム勤務なので、在宅介護はムリです。

専門家にも相談して適する施設を検討

　母親の病状によっては、退院後に父親を在宅介護することは困難かもしれません。母親の意向を確認して、母親の主治医にも意見を求めましょう。母親による介護の継続が難しいようなら、父親にも事情を話して、施設介護についても理解してもらう必要があるでしょう。

　父親の状態に合う施設とはどういうところか、父親の**担当ケアマネジャー**や**地域包括支援センター**で相談しましょう。ケアマネジャーらは、地域にある施設について、その内容や空きの有無をおおむね把握しているはずです。

入居は一時的か？　永続的か？

　父親の施設利用は一時的なものか、永続的なものかを決める必要もあります。母親の回復後に在宅介護に戻る可能性があるのなら、**老人保健施設**（老健）に3か月ほど入るという方法が考えられます。長期的な判

断が難しい場合も、「とりあえず老健」はアリです。

　一方、最初から永続的な入居を選ぶなら、「要介護3」なので介護保険で入れる**特別養護老人ホーム**（特養）に申し込むこともできます。希望なら、早速申し込みましょう。ただし、待機者が相当数いるケースが多いので、通常は入居までに時間がかかります（要介護4・5の人、独居の人が優先されやすい）。その間、空きがあれば老健で待機するという考え方もあります。特養を併設している老健があれば、ベターかもしれません。

　また、費用はかかりますが、民間の「**介護型**」施設であれば、空いているところは多いはずです。複数の施設を見学して、気に入ったところがあれば、体験入居やショートステイで試してみましょう。

「要介護 3」の親の施設入居を検討しているケース

選択肢となる施設は

- 特別養護老人ホーム
- 老人保健施設
- 介護医療院／介護療養型医療施設
- 介護付き有料老人ホーム
- サービス付き高齢者向け住宅【特定施設】
- ケアハウス【特定施設】

など

ポイント

- ケアマネジャーや地域包括支援センターに相談し、自宅で居宅サービスの継続か施設入居かを検討する
- 特別養護老人ホームに申し込む
- 一時的な老人保健施設への入居も候補になる
- 民間では「介護型」の施設を中心に探す

居宅サービス：介護保険で、自宅に住みながら利用するサービス。一方、P67の介護保険施設に入居して利用するサービスは「施設サービス」という。

ケアマネジャー：介護保険のサービスの利用について計画を立てる専門職のこと。すでに介護保険で「要介護」と認定されている親なら、通常、契約している「担当のケアマネジャー」がいる。

親の施設入居を考えるとき──ケーススタディ

■両親がそろっているケース③

03 実家で暮らす母親は認知症 父親が介護に疲れている

父親の共倒れを防ぐことを第一に考えて。必ずしも、両親一緒がよいとは限りません。

Q 実家の両親（70代）は二人暮らし。母親が認知症で要介護2と認定されており、父親が家事や介護をしています。私も弟も実家からは遠距離で、せいぜい月に一度しか帰省できません。最近、父親が相当疲れているらしく、夫婦で老人ホームに入ることを考え始めたみたいです。

● 母親のみの入居を検討

　夫婦でそろっての住み替えとなれば、父親は2人部屋のある施設を検討しているのだと思います。しかし、それでは住み替えても母親の介護から解放されないのではないでしょうか。通常、2人部屋といっても、現在の自宅よりも狭い空間となります。また認知症の母親は環境の変化に混乱することも考えられます。かといって、施設で別々の個室を選んでも、母親が父親のことを頼りにすれば、そのそばを離れないでしょう。

　P52でも説明しますが、**介護者の共倒れを防ぐ**ことを最優先とするなら、母親のみ施設に入ってもらうほうがよい場合もあります。

● 夫婦で別々の施設という選択も

　母親は認知症なので、**グループホーム**も対象となります。しかし、グループホームの受け入れ条件には「要支援2または要介護1以上の**認知症**」という項目があるので、父親が一緒に入居することはできません。

　父親も家事などから解放されたくて施設を希望していることも考えら

れます。在宅のままでも食事の宅配サービスなどを利用すれば不自由は軽減します。**父親の意向**を確認し、住み替えたいのなら、住宅型の施設が選択肢となります。**両親が別々の施設に入居**、というのもしばしば聞くパターンです。

介護度の異なる両親がそろって入居を希望するケース

選択肢となる施設は

施設の種類	母	父
住宅型有料老人ホーム		○
介護付き有料老人ホーム	○	
サービス付き高齢者向け住宅		○
サービス付き高齢者向け住宅【特定施設】	○	
グループホーム	○	
ケアハウス		○
ケアハウス【特定施設】	○	
シルバーハウジングなど		○
混合型の有料老人ホーム	○	○

夫婦一緒が最優先なら…

・「自立」「要介護」どちらも入居できる「混合型」
・在宅のままサービス利用を増やす

父親の負担減が最優先なら…

・両親が別々の施設に入居
・母親のみ施設入居（父親は自宅）

💡 ポイント

● 母親だけ施設に入居するという選択肢もある
● 夫婦がそれぞれ別の施設に入居する方法も考えられる
● 一緒に暮らすのであれば「自立」「要介護」どちらも入居可能な「混合型」の有料老人ホームなどが候補となる

1 親の施設入居を考えるとき——ケーススタディ

■親が一人のケース①

04 90歳を過ぎた母親 いつまでも一人暮らしは困難

母親と一緒に施設見学をしてみましょう。親子で将来の選択肢を共有することができます。

Q 91歳になる母親は郷里の実家で一人暮らし。畑仕事をして、毎日規則正しい生活を送っています。しかし、子の私も67歳で年金生活。ひとりっ子の上、配偶者の世話もあります。もし母親が寝たきりなどになっても介護できる状況にないので、そろそろ施設に住み替えてほしいです。

将来のために一緒に見学する

　91歳という年齢を考えると不安になります。子も高齢者の仲間入りをし、自身の体調に不安があるならなおさらでしょう。

　けれども人は、必ずしも寝たきりや認知症になるわけではありません。「アラハン」という言葉もあるほどで、女性の2人に1人、男性の4人に1人が90歳を迎える時代です（「平成29年簡易生命表」厚生労働省）。

　介護に対して、事前に**情報収集**をしておくことは大切ですが、起こってもいない将来を危惧し、生活の幅を狭めていくことはないと思います。ましてや親がいきいき畑仕事をするほどなら、**見守ることも一案**です。

　母親に今後の暮らし方についての考えを聞いてみましょう。子の立場としての「心配」も話し、もし母親の一人暮らしが難しくなった場合の選択肢として、**一緒に施設見学しておく**だけでも安心感につながるでしょう。親子で要望を出し合った上で（ケアやサービスの内容、立地、予算）、いくつかの施設を一緒に見学してみませんか。いざ倒れてからだとゆとりがなく、施設を見学する時間を確保できない可能性があります。

将来の選択肢を親子で共有

実際に見学してみると、そこでどのような高齢者が、どういう生活をしているかがわかります。見学することで、自分たちの「要望」が明らかになることもあるでしょう。そして、「いずれ住み替える」か、あるいは「在宅のままでいく」かの判断材料となるはずです。

この行程を経ることで、親子で具体的に将来を検討し、**選択肢を共有**できます。もし施設を選ぶなら、「親の近くか、子の近くか」といったことも話し合っておきましょう。

将来的に在宅が困難になった場合に備えた事前準備のケース

見学しておきたい施設は

- 特別養護老人ホーム
- 老人保健施設
- 介護医療院／介護療養型医療施設
- 介護付き有料老人ホーム
- サービス付き高齢者向け住宅【特定施設】
- ケアハウス【特定施設】

など

ポイント

- 「アラハン」も増加。元気なら見守るという考え方もある
- 親と今後の生活について意見を出し合う
- 将来に備えて施設について情報収集しておく
- 候補となる施設に見学に行ってみる

アラハン：100歳前後の人をさす「アラウンド・ハンドレッド」の略。2018年9月の厚生労働省の発表によると、100歳以上の高齢者は全国に約7万人で、仕事や趣味をいきいきと頑張る人々も大勢いる。

■親が一人のケース②

05 近所で一人暮らしの母親 掃除など家事に手が回っていない

安定した状態なのであれば、「在宅」のまま安心できる環境を整えることも一案です。

Q 母親（85歳）はわが家の近所で一人暮らしをしています。最近、老いが進んで掃除などにも手が回らなくなってきたため、介護保険の申請をしたところ要支援2と認定されました。今はデイサービスを利用していますが、私は月に数回出張が入るので不在時が不安です。

● 在宅のままサービス内容を充実させることも選択肢

　まず、母親本人の意思をしっかり確認することが大切なのは、これまでのケースと同様です。その上で、母親の担当の地域包括支援センターの職員と相談し、より安心感を高める策がないか検討しましょう。このまま在宅で暮らしながら、緊急通報システムを導入したり、食事の宅配サービスを入れたりする方法も考えられます。

　一方、地域に**小規模多機能型居宅介護施設**（小規模多機能）があれば、こちらも選択肢となるかもしれません。いわゆる「施設」と混同しがちですが、現在の住まいで暮らしながら、利用者の選択に応じて、「**通い**」を中心に、短期間の「**宿泊**」や利用者の自宅への「**訪問**」を組み合わせて利用するサービスです。子の出張時のみ「宿泊」ということが可能かもしれません。

　ただ、小規模多機能を利用すると、現在使っているデイサービスの利用ができなくなります。もし、母親が通うデイサービスで友人ができて、楽しい時間を過ごしているようなら、無理強いは禁物です。

■「家事付き」は自立の妨げ？　負担軽減で快適に？

　要支援2なので、介護保険で入れる施設に申し込むことはできませんが、その他の施設では、住宅型、介護型と**選択肢の幅は広い**といえそうです。

　介護型なら家事などを施設職員に任せる形になります。そのことによって、母親の心身機能がさらに低下することにならないでしょうか。逆に、家事から解放され負担が軽減する分、趣味など楽しい時間を持てる可能性もあります。見学や体験入居を通して、母親の**ライフスタイルや性格に合った住み方**を選びたいものです。

「要支援2」の親が一人暮らしをしており今後が不安なケース

選択肢となる施設は

- 介護付き有料老人ホーム
- 小規模多機能型居宅介護施設
- 住宅型有料老人ホーム
- サービス付き高齢者向け住宅
- ケアハウス

など

💡 ポイント

- 在宅のままでも介護サービスを充実させることは可能
- 在宅なら小規模多機能型居宅介護施設も検討する
- 要支援2なら「住宅型」「介護型」の幅広い施設が選択肢となる

小規模多機能型居宅介護施設：自宅に住みながら「通い」「宿泊」「訪問」を組み合わせて利用できるサービス（P86）。

■親が一人のケース③

06 同居の母親に認知症の診断 日中一人にさせるのは不安

施設を考えるなら、優先させたいことをじっくり考えて。地域にある小規模な施設も検討しましょう。

Q 母親（82歳）と二人暮らしです。その母親が認知症と診断され、介護保険の認定は要支援2。私は仕事で出かけるので、日中、母親は一人。しっかりしているときもありますが……。近くの川辺が好きで、毎朝、出勤前に一緒に散歩しています。施設も考えていますが、環境を変えて認知症が進行しないか気がかりです。

■ 「認知症＝一人は無理」とは限らない

　認知症の症状は人によってさまざまで、進行の仕方にも違いがあるようです。うまく薬が合えば、症状の進行がゆるやかになるケースもあり、診断後も一人暮らしを継続しているお年寄りは大勢います。同居であれば、夜間の心配が少ない分、在宅の期間を延ばせるかもしれません。

　現在の生活を継続させたいのであれば、**主治医や地域包括支援センターとも相談**し、サービスの導入などで安心感をアップする方法を検討しましょう。自宅の危険な箇所を確認し、安全装置の付いた器具に交換するなど、事故を未然に防ぐ手立ても必要でしょう。お年寄りをねらう悪徳な訪問販売業者なども多いので、お金の管理についても問題ないか確認してください。

■ 地域にある施設なら、一緒に散歩に出かけることも

　施設を検討するのであれば、**何を優先させるか**をしっかり考えることが大切です。例えば川辺の散歩に行けることを最優先とするのであれば、

自宅の近所にどのような施設があるか確認することから始めましょう。「介護型」の施設では、自由に外出できないところが多く、特に認知症があると、一人での散歩は難しいかもしれません。しかし、近場なら子が散歩に連れ出すこともできるでしょう。

施設ごとに、または人員体制などで「外出」や「散歩」についての考え方に違いがあります。

大型施設の他にも、**グループホーム**や**小規模多機能型居宅介護施設**がないか確認してみましょう。施設長や所属するケアマネジャーが、母親の認知症が進行しないケアを一緒に考えてくれるような施設を選びたいものです。

「要支援2」の認知症の親の入居を検討しているケース

選択肢となる施設は

- 介護付き有料老人ホーム
- サービス付き高齢者向け住宅【特定施設】
- グループホーム
- ケアハウス【特定施設】
- 小規模多機能型居宅介護施設

など

ポイント

- 認知症でも「一人暮らしが無理」とは限らない
- 優先したいことの順位をはっきりさせる
- 最優先事項をふまえて施設を検討する

認知症などで親の判断力が低下したときには……
認知症の親に代わって財産管理などを行うための制度として「成年後見制度」があります（P196）

■親が一人のケース④

07 故郷で暮らす母親が骨折で入院 退院後に一人暮らしはムリ

介護保険の認定度合いによって選択できる施設は違ってきます。病院の相談室にも行ってみましょう。

Q 故郷で一人暮らしの母親（82歳）。骨折で入院していましたが、間もなく退院です。現在、介護保険の認定待ちですが、一人でトイレに行くことも難しく、もとの暮らしに戻るのは無理でしょう。施設に入ってもらうことを検討していますが……。

■ どこまで回復するか見極めた上で

今後、母親がどこまで回復するかを見極めたいところです。まずは、リハビリをしっかり行ってくれる病院に転院することができないか、**主治医**や**病院の相談室**で聞いてみましょう。難しいようなら、介護保険で入れる**老人保健施設**（老健）でリハビリ療養することも一案です。

また、現在入院中の病院が、老健も運営していないでしょうか。その場合は、比較的スムーズに入居できる可能性があります。原則、老健は3か月程度の期間限定の利用となりますが、その後も別の老健を紹介してくれる場合もあります。介護度が要介護3以上なら、**特別養護老人ホーム**にも申し込んでおくことで、空きが出た段階で移れるかもしれません。

■ 退院と同時に有料老人ホームで体験入居してみる

施設を転々とするのは、親にとって身体的にも精神的にもキツイものがあります。家族としても常に不安がつきまとう上、移るたびに契約行為が発生し、負担でもあるでしょう。

最期までいられることを重視するなら、有料老人ホームを探すことも

一案です。医療連携やリハビリに力を入れている**有料老人ホーム**もあります。要望に合うところが見つかれば、退院と同時に**体験入居**をしてみてはどうでしょう。母親が馴染めそうならそのまま入居する、という方法も考えられます。

その場合、「施設の立地は**親の暮らす地域か？ 子の暮らす地域か？**」を検討することも必要です（P48）。親の意向を確認した上で、それぞれのメリット・デメリットを比較して考えましょう。

親が入院してしまい、退院後に在宅での生活が困難なケース

選択肢となる施設は

- 老人保健施設
- 特別養護老人ホーム
- 介護医療院／介護療養型医療施設
- 介護付き有料老人ホーム
- サービス付き高齢者向け住宅【特定施設】
- ケアハウス【特定施設】

など

ポイント

- まずはどれだけ回復できるのかを見極める
- 老人保健施設なら一定期間療養することができる
- 施設を考えるなら「体験入居」するという方法もある

体験入居：契約前に施設での生活を体験できる制度。見学では見えてこない施設や入居者との相性がわかる（P168）。

親の施設入居を考えるとき——ケーススタディ

33

■親が一人のケース⑤

08 要介護4の父親の在宅介護は限界 でも「特養」には空きがない！

共倒れを防ぐために、入居できるまでの期間に入れる別の施設を探すのも方法です。

Q 自宅から車で30分のところで90歳の父親が一人暮らし。要介護4で、軽い認知症もあります。介護保険の居宅サービスを利用して在宅介護してきましたが、私の健康にも支障が出始め、もう限界です。父の年金は国民年金なので高額な施設はムリ。特別養護老人ホームに申し込んでいますが、一向に順番が来ません。

■ 入居まで老人保健施設で過ごす

　特別養護老人ホーム（特養）は申し込みをしている待機者が多く、入居まで時間がかかることが一般的です。しかし、「もう限界」ということであれば、なんとか代替案を考えなければ共倒れしてしまうでしょう。
　介護者の健康状態が悪いなどの事情がある場合、**待機の順番を考慮**してもらえるケースもあるので、まずは申し込んでいる先に事情を伝えましょう。あるいは、地域によってはそれほど待機者の多くない特養もあります。遠方になる可能性はありますが、**対象地域を広げて探してみる**のも一案です（いったん入居すると、近所に移ることが難しいケースもあるので注意）。
　また、老人保健施設（老健）に入り、数か月ごとに他の老健と行ったり来たりしつつ待機しているお年寄りもいます。

■ 共倒れを防ぐことを優先

　入居一時金が不要の「**介護型**」民間施設に一時的に入るという方法も

考えられます。一時金の支払いがなければ、退去の決断をしやすいからです。しかし、いつまでも特養に入居できなければ、いずれ月々の支払いが難しくなるでしょう。

数は多くありませんが**介護型のケアハウス**もあります。**介護療養型医療施設**や**介護医療院**も選択肢として考えてみましょう。地域にあるようなら、待機期間や料金を特養と比較してみてください。

待機期間として別の施設を一時利用する場合、親にとっては安定した環境となりにくいですが、**介護者の共倒れを防ぐため**には仕方ないともいえます。担当の医師やケアマネジャーと相談しながら、ベストといえなくてもベターな方法を選びたいものです。

介護度が重くなり在宅介護に限界を感じているケース

選択肢となる施設は

- 特別養護老人ホーム
- 老人保健施設
- 介護医療院／介護療養型医療施設
- 介護付き有料老人ホーム
- サービス付き高齢者向け住宅【特定施設】
- ケアハウス【特定施設】

など

ポイント

- 特別養護老人ホームの待機順に、介護者の状況を勘案してくれることがあるので、申し込んでいるところに事情を伝える
- 共倒れを防ぐためにも、特別養護老人ホームの待機期間中に一時的に利用する施設を検討する

「特別養護老人ホームの待機」とは？
入居できずに待機している高齢者が、2017年度は29.5万人となっています（「特別養護老人ホームの入所申込者の状況」2017年3月、厚生労働省）。特に都市部では数百人待ちというところもあります。入居の優先順位については P56 で解説しています

コラム❶

在宅？ 施設？
悩んだら地域包括支援センターに相談

　親の「住み替え」を即断できる子なんていないでしょう。自分のことなら決められても、親の人生は親のもの。今後、どこでどのように暮らしてもらうのがいいのか、明快な判断などできないからです。

　在宅でどこまでのことができるのだろう……。見守りは？　食事の用意は？　危険防止は？　初めての介護なら、わからなくて当然です。そんなときには「地域包括支援センター」に相談しましょう。社会福祉士、保健師、主任ケアマネジャーなどの資格を持つ職員が、それぞれの専門性を活かして高齢者本人やその家族の相談対応をしています。相談料は無料です。

　住所地ごとで管轄が決まっているので、親の暮らす地域のセンターに連絡してみましょう。所在地がわからない場合は、役所に親の住所を伝えて「担当の地域包括支援センターを教えてください」と聞いてみます。自治体によっては、通称で呼ばれているところもありますが、国内どこに住んでいても必ずあります。介護保険の申請もサポートしてくれます。

　地域包括支援センターでは、現在の不安や課題をざっくばらんに話してみましょう。彼らは高齢者介護のプロなので、「こんなに大変なのは、うちだけだ」と思うような事案も大抵経験済みです。特に、親の在宅意向が強い場合は、在宅ならどういう支援を受けられるかを聞き、その上で今後の支援体制について、親本人を含めた家族皆でしっかり話し合いたいものです。

chapter 2

「親の施設探し」を始める前に知っておきたいこと

親の施設探しでは、多くの人が同じような問題に直面し、悩んでいます。そもそも、親の多くは「施設は嫌だ」と言いますから、「そんな親に無理強いしていいものなのか？」と子は頭を抱えることに……。
この章では、施設入居について具体的に行動する前に、知っておきたいポイントを紹介します。

01 親任せでは進まない施設探し どこまで口を出していい？

あくまで親の人生なので、押し付けは禁物。ただし、緊急時は子が主導権を持たざるを得ないことも……。

■ 親が元気で判断力もあれば、子の役割は「情報提供」

　本来、どこで暮らすかを考える主導権は「そこで暮らす当人」にあります。親の暮らす高齢者施設を探すのであれば、もちろん**主導権は親**が持つべきでしょう。

　親に判断力があるのであれば、子の役割は**情報提供**をすることです。親本人が住み替えを希望している場合は、その理由をたずねましょう。現状に何らかの不安や心配、不満があるはずです。

　住み替えを検討する理由や目的を明確にした上で、その課題を軽減するサービス提供のある環境への住み替えを手助けします。

■ 緊急時は子が主導権を持つ

　一方、親本人に判断力がない場合や緊急度合いが高い場合は、親に代わって子が主導権を持たざるを得なくなってきます。ただし、あくまで親の人生は親のものなので、親の立場に立って、**判断を代行**するものだと理解しましょう。

　親の在宅意向が強そうな場合は、「本当に在宅ではやっていけないのか」をケアマネジャーなどともしっかり相談することが必要です。中には、「施設＝子に見捨てられた親が入るところ」と考えている親もいます。そういう親には、一度施設を見てもらうことで、「意外とよさそうなところ！」と既存のイメージが払拭されるケースもあります。

　また、「嫌だったら、やめればいい」と言って見学に誘うのも手です。

「**決定権**」**は親側にある**と理解できれば、親も足を運んでみる気持ちになるのではないでしょうか。

　一方、さまざまな理由によりこれ以上在宅の継続が難しいのであれば、命の危険にもつながりかねません。当人の意に反することであっても、子が住み替えを**親に代わって決断**しなければならない場合もあります。

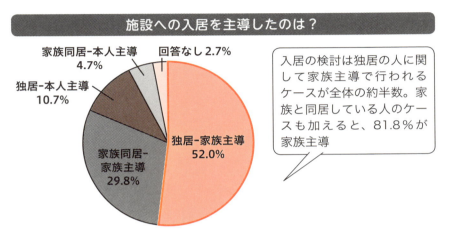

施設への入居を主導したのは？

- 家族同居-本人主導 4.7%
- 回答なし 2.7%
- 独居-本人主導 10.7%
- 家族同居-家族主導 29.8%
- 独居-家族主導 52.0%

入居の検討は独居の人に関して家族主導で行われるケースが全体の約半数。家族と同居している人のケースも加えると、81.8％が家族主導

出典：「介護に関する意識調査 報告書（詳細版）」平成28年、ベネッセ シニア・介護研究所

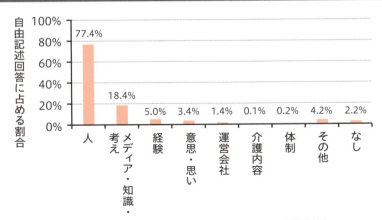

入居の検討の過程で心の支えになったもの

- 人 77.4%
- 考え 18.4%
- メディア・知識・ 5.0%
- 経験 3.4%
- 意思・思い 1.4%
- 運営会社 0.1%
- 介護内容 0.2%
- 体制 4.2%
- その他 2.2%
- なし

出典：「介護に関する意識調査報告書（詳細版）」平成28年、ベネッセシニア・介護研究所

02 他の人は、どんなときに親の施設探しを決断している？

子の頑張りだけではどうにもならなくなると、たとえ本人が拒否しても強行せざるを得ないこともあります。

■ 一人でトイレに行くことが困難になったとき

多くの親の希望は「住み慣れた自宅にいたい」というもの。そのため、親子の考えはミスマッチとなるケースがとても多いです。子は悩みつつ、「できる限り、本人の意思を尊重してあげたい」と考えますが、子の頑張りだけではどうにもならなくなるケースもあります。

決断のタイミングとして多いのは、親が**一人でトイレに行くことが難しくなったとき**、あるいは**火の始末が難しくなってきたとき**などです。

■ 介護者が「もう、限界」と感じたとき

その他、子が施設入居を決断した事例をいろいろ見てきましたが、概して**在宅介護の限界を感じたとき**が多いです。

例えば、両親が2人で暮らし、一方の親がもう一方の親を介護している場合で、これ以上在宅介護を続けたら**元気なほうの親まで共倒れしそうだ**というとき。高齢の親に限らず、子が負担過多で倒れることもあります。

また、介護を要する親を家に残しておくことができずに、離職に追い込まれるケースもあります。右の図のように、要介護4になると、半数近くが「ほとんど終日介護を行う」という現実を突き付けられることとなり、在宅での介護は難しい局面を迎えることが多いようです。

介護者まで倒れてしまうと、にっちもさっちも行かなくなります。そこで、親の担当の**ケアマネジャーや主治医に相談**しつつ、施設介護を決

断する子も。親が遠方に暮らしていて、状況がよくわからないというケースでは、ケアマネジャーに「在宅が限界だと感じたら、必ず教えてください」とお願いすることでその時期を見極めたという子もいました。

子が親の施設探しを決断するタイミングの例

1. 親が一人でトイレに行けなくなったとき
2. 親が火の始末をできなくなったとき
3. 親が食事をとらなくなったとき
4. 介護者までが倒れそうになったとき
5. 「要介護4」となったとき

要介護度別にみた同居家族の介護時間

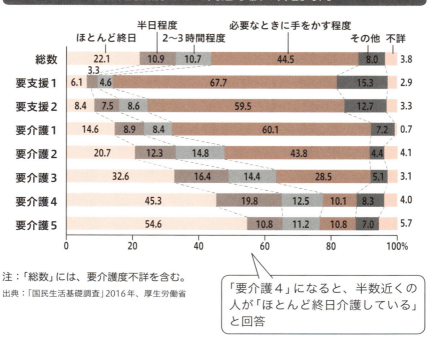

注：「総数」には、要介護度不詳を含む。
出典：「国民生活基礎調査」2016年、厚生労働省

「要介護4」になると、半数近くの人が「ほとんど終日介護している」と回答

03 親に「施設は嫌だ」と言われたらどうすればいい？

「施設は嫌だ」と言われると、子としては忍びない気持ちになります。時間をかけて話し合いましょう。

■ 親の本音は「住み慣れた家を離れたくない」

　在宅介護をサポートしているケアマネジャーと話すことがありますが、皆「施設に入りたいと思っている高齢者はゼロに近い」と声をそろえるように言います。都内にある自立型の高級有料老人ホームの営業マンでさえ、「半数以上は、お子さんに勧められ、本当は自宅にいたかったけれど、『いたしかたない』という思いでご入居されています」と言っていました。

　実際、親と話し合いを始めても、「施設には入らない」と言われるケースはとても多く、子は悩むことになります。

　しかし、施設に入ることを望んでいる高齢者もいます。右の図は、特別養護老人ホームに申し込みをしている待機中の高齢者の入居希望を調査したものです。確かに3割弱の人が「入りたくない」と答えていますが、半数近くは入居を望んでいます。理由としては家族への気兼ねや気遣いが多いですが、**誰かと一緒にいることの安心感**も少なくありません。

　知人の高齢者も、地震の報道を見ながら「施設のほうが安心かもしれない」と入居の検討をされていました。

■ 体力の低下から次第に譲歩するケースも

　多くの場合、親子の話し合いは平行線ですが、時間をかけて話したり、一緒に施設見学に出かけたりして、少しずつ理解を促します。

　次項で紹介するように**ショートステイの利用**を増やし、「施設での生

活」に慣れてもらう方法も考えられます。また、親の自宅近所の施設を選び、最初は夜だけ施設に滞在してもらうことで、移行に成功したケースもありました。**施設での滞在時間を徐々に長く**していったのです。親のほうも自身の体力面の問題から譲歩することもあるでしょう。

　一方、どこまでも納得しないケースもあります。そんなとき「短期間、試してみよう」と言って、そのまま滞在してもらったり、「すぐに迎えに来る」と偽って置いてきたという人もいました。

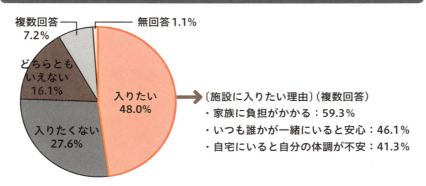

特別養護老人ホームに申し込みをしている高齢者の入居希望

- 無回答 1.1%
- 複数回答 7.2%
- どちらともいえない 16.1%
- 入りたくない 27.6%
- 入りたい 48.0%

〔施設に入りたい理由〕（複数回答）
・家族に負担がかかる：59.3%
・いつも誰かが一緒にいると安心：46.1%
・自宅にいると自分の体調が不安：41.3%

出典：「特別養護老人ホームにおける待機者の実態に関する調査研究事業」2012年、医療経済研究・社会保険福祉協会 医療経済研究機構

親に施設入居を納得してもらう方法

1. 時間をかけて話し合う
2. 一緒に施設見学に出かけて、その内容を理解してもらう（「嫌なら、断ればいいんだから見るだけ見てみよう」と決定権が親にあることを告げて、出かける）
3. 体験入居やショートステイで、「施設」に慣れてもらう
4. 日中は自宅、夜だけ施設という暮らし方を提案する
5. どうしても折り合えない場合は、「しばらくの間だから」などと偽らざるを得ないケースも（その後の関係に影響するので、できるだけ避けたい）

04 前向きでない親に、施設入居を納得してもらうコツはある？

短期入居を繰り返して、その施設での生活に慣れたところで入居契約をするという方法も一案です。

■「退院」→「体験入居／ショートステイ」→「入居」

　待機者が多い特別養護老人ホーム（特養）では難しいですが、有料老人ホームなどでは、体験入居やショートステイで親が気に入り（文句を言わなかった）、**そのまま入居に移行**したというケースをしばしば聞きます。

　よくあるのは、**親の入院中に施設を探し**、最も納得のできた有料老人ホームに退院と同時に体験入居を申し込み、親が不満を述べない場合はそのまま契約、というパターン。費用のことも含め、事前にしっかりと情報収集をしておく必要がありますが、1つの方法です。3か月間のクーリングオフ（P182）があるので、思い切って入居してみて「結論」をその期限までに出す、という考え方もあります。

■「ショートステイ／老健」→「入居」もあり

　老人保健施設（老健）に関しては、もともと3か月程度の入居が基本です。そのため、雪国などで「冬場の3か月のみ入居」といった方法をとるところもあります。それを繰り返し、**少しずつ施設で過ごす時間を長く**して、最終的に老健と同じグループの（入居申し込みをしておいた）特養に、順番が来た時点で入居したという人も。

　似たパターンですが、居宅サービスとして特養で毎月ショートステイを利用するとともに入居申し込みもし、待機期間中にショートステイの回数と期間を増やし、順番が来たところで入居したという人もいました。

ショートステイですでにその施設に慣れているので、親にとっても施設職員にとってもスムーズな入居となるようです。

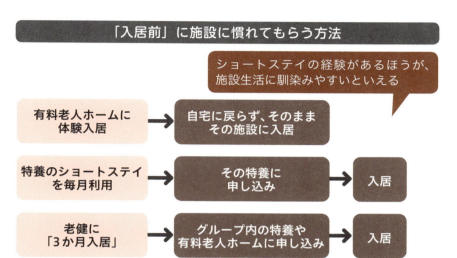

「入居前」に施設に慣れてもらう方法

コラム❷

ショートステイ利用を繰り返して施設に

　Oさんの同居の母親（79歳）は要介護4で、Oさんが主となって介護をしていました。が、ストレスと疲れから体調を崩しがちでした。特養には申し込んでいましたが待機状態。ケアマネジャーに相談したところ、ショートステイを隔週で利用するようにアドバイスされました。

　母親は偶数週を特養で過ごし、奇数週を自宅で過ごすようになりました。Oさんのストレスは軽減。母親が自宅にいる週も、優しく接することができるようになったといいます。最初は不満だった母親も、次第に施設での生活に慣れたのか、あきらめたのか、文句を言わなくなりました。1年が経過した頃、その特養に空きが出たとの連絡が入り、母親は入居しました。

05 「親の施設入居」について きょうだい間で意見が合わない

きょうだい間でも考え方は異なります。後のトラブル防止のためにも、早めの情報共有を心がけましょう。

■ きょうだいには早めに相談する

　親の施設探しを始めるとき、子にきょうだいがいる場合は注意が必要です。

　通常、最も介護にかかわっている子が検討を開始します。その際、他のきょうだいに相談なく入居を決めると、「施設を検討するに至った理由」ではなく、「施設入居を決めた」という結果のみが大きく伝わります。後から聞かされたきょうだいは、「施設に入れるなんて、かわいそうだ」とか、「費用はどうするんだ」とか言い出してトラブルに発展しがちです。

　早めに相談することで、**施設を探す必要性を共有**することができ、一緒にスタート地点に立つことができます。離れたところから見ているきょうだいは**客観性**があり、現状と課題を違った視点で捉えられるケースもあります。

■「介護」を抱え込んでいるきょうだいがいたら……

　逆に、主となって介護しているきょうだいが多くを抱え込み、頑張りすぎているケースもあります。客観的に見て、その介護が限界間近である（あるいは、限界に到達している）ことを察知した場合には、施設介護への移行を助言しましょう。

　頑張りすぎると共倒れに至るだけでなく、**ストレスから虐待に走る**ようなこともあります。虐待とは暴力を振るうことだけでなく、親の金銭を搾取したり介護放棄をすることも含まれます。

きょうだいといっても、親に抱く感情はそれぞれ異なります。さらに、施設入居はお金がかかることでもあります。だからこそ情報を共有し、**見解を統一**しておくことが後々のトラブルを防ぐために大切なのです。

きょうだいの間でトラブルにならないためには

1. なるべく早い段階で相談を始める
2. 介護にかかわっていないきょうだいとも情報を共有する
3. 施設にかかる費用について、入居前に話し合う
4. 主として介護をしているきょうだいの状況を客観的に見る

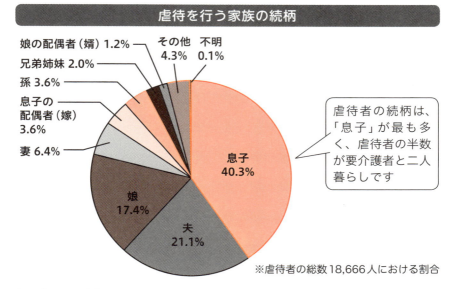

虐待を行う家族の続柄

- 娘の配偶者（婿）1.2%
- その他 4.3%
- 不明 0.1%
- 兄弟姉妹 2.0%
- 孫 3.6%
- 息子の配偶者（嫁）3.6%
- 妻 6.4%
- 娘 17.4%
- 夫 21.1%
- 息子 40.3%

虐待者の続柄は、「息子」が最も多く、虐待者の半数が要介護者と二人暮らしです

※虐待者の総数 18,666 人における割合

出典：「平成29年度「高齢者虐待の防止、高齢者の養護者に対する支援等に関する法律」に基づく対応状況等に関する調査結果」2019年、厚生労働省

06 施設の場所は実家近くか？子の家の近くか？

どの場所であっても、メリット、デメリットがあります。親の意向をしっかり聞いてみましょう。

■ 住み慣れた土地のほうがスムーズだが……

　親子が同居していたり、比較的近居の場合は、その近辺で施設探しをすることが一般的です。しかし、親子が遠く離れて暮らしている場合は、どちらの近くで探すべきかと悩みます。

　子としては、自分の家の近くの施設であれば頻繁に様子を見に行くことができるのでベターな選択だと考えます。一方、親は住み慣れた土地を離れたくないと考えるケースがとても多いのです。第一は**方言の違い**です。さらに**食事の味付け**、**周囲の風景や空気**、**友人知人**に会えなくなる……。

　特別養護老人ホーム（特養）は、全国どこでも申し込めるものの、**住民票のある人を優先する傾向**があります。グループホームなども住民票があることが条件です。また有料老人ホームなどは、都市部の料金が高い傾向があります。親の自宅近辺なら、ショートステイなどですでに慣れた施設があるかもしれません。こうした理由が重なり、**親の自宅の近辺で探すケースのほうが多い**というのが実情です。

■ 子が複数いる場合は、誰のそばに？

　とはいえ、それぞれに事情があります。例えば、親の医療依存度が高まり入退院を繰り返すようになると、子は頻繁に病院に駆けつける必要が生じます。遠方の施設から病院への度々の入退院のサポートは、時間的にも経済的にも苦しいものです。子の近くでなければ難しい場合もあ

るでしょう。

　子が複数いる場合、どの子の家のそばの施設にするかも悩ましい問題です。例えば、長女の家のすぐ近所なら長女は頻繁に様子を見に行くこともできますが、長男からは遠ければ、「長女に任せておこう」と実家にいたときよりも足が遠のく可能性もあります。

　正解のない難しい課題なので、**家族間でしっかり話し合って検討**することが大切です。全員が大満足できる答えはないので、折り合いがついたら、「自分たちにはベターの選択だ」と信じましょう。

施設の立地についての考え方	
親と同居・近居	その近辺で探すのが一般的
親と遠居	親の自宅の近辺か、子の自宅の近辺か、それぞれのメリット・デメリットを考慮して検討

親の自宅の近く	子の自宅の近く
○ 親にとって、慣れ親しんだ環境を維持できる（職員や入居者の方言、食事の味付け、周辺の風景、友人、かかりつけの病院・医師など） ✕ 通う子にとっては、交通費と時間の負担が大きい	○ 子は頻繁に親に会いに行きやすい ✕ 親にとって、馴染みにくい環境となる（職員や入居者の方言、食事の味付け、周辺の風景などが変わり困惑。友人との付き合いや、かかりつけの病院も変わってしまう）

住民票のある人だけが利用できる施設

● グループホーム　　　　　　　　　　　　　　　（P82 参照）

● 小規模（定員 30 人未満）の特別養護老人ホーム　（P82 参照）

● 小規模多機能型居宅介護施設　　　　　　　　　（P86 参照）

介護保険の「地域密着型サービス」と呼びます。介護が必要な状態になっても住み慣れた地域で暮らしていけるように、介護サービスを提供するものです

07 新規オープンの施設は「穴場」って本当？

施設の開所時は入りやすいメリットがある一方、職員の質が不透明というデメリットがあります。

■ オープン時は入居の「穴場」

　高齢者向けの施設は現在進行形で増えています。新規オープンの際には、当然ながら入居しやすい状況にあります。実際、新規開設の特別養護老人ホーム（特養）に「**待たずにすぐ入れた**」という声をしばしば聞きます。オープン時だったため、要介護1の親も入居できたという声を聞いたこともあります（特養の入居条件は「要介護3以上」だが、状況によっては「要介護1」でも受け入れるケースも）。地域の新規オープンの施設の情報をケアマネジャーが教えてくれることもあります（ケアマネジャーによって情報量は異なる）。

　サービス付き高齢者向け住宅なども急ピッチで増加しています。親の暮らす家のすぐ近所だったりすると親も住み替えに前向きになることがあります。情報収集のアンテナの感度を高めておきたいものです。

■ 経験の浅い職員が多いケースもあるので慎重に

　新しい施設は、建物や設備が**新しくて気持ちがいい**といえます。しかし、「新規」ということは、**実績がない**ことを意味します。

　介護職の賃金が安いために、どこも求人広告を出しても人員が集まらずに苦慮しているのが現状です。すると、介護職には不向きだと思えるような人材でも採用せざるをえない場合も。人員確保できなければ、施設の定員を減らさなければならず（職員と入居者の比率は法で定められているため）、実際、一部の居室を空き部屋にしている施設もあると聞

きます。

　その結果でしょう。親の入居した施設の職員が経験の浅い人ばかりで、ケアの質が低く、「親の介助を恐れている」と表現する子もいました。知り合いの社会福祉士が**「新規開業のところに、自宅などの財産を投じて入居するのは危険だ**」と言っていたのが印象的です。

　特に高額な一時金が必要な施設は、慎重な判断が求められます。

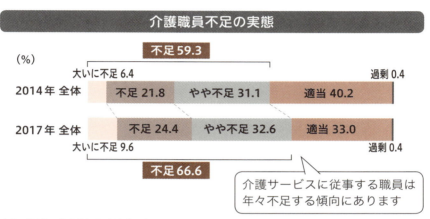

出典：「平成29年度「介護労働実態調査」の結果」2018年、介護労働安定センター

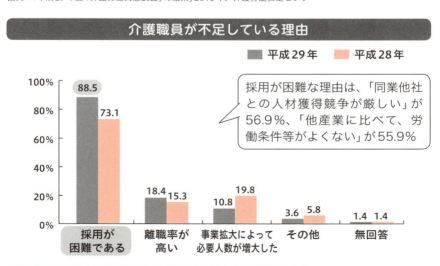

出典：「平成29年度「介護労働実態調査」の結果」2018年、介護労働安定センター

08 両親そろって入居するなら、2人部屋か？個室を2つか？

子は、「両親を別々に住まわすことは避けたい」と考えがち。
しかし、あえて別に暮らすことがよいケースもあります。

■ 夫婦一緒がベストとは限らない

　夫婦で有料老人ホームに入るには、2通りの方法があります。1つは夫婦で過ごせる2人部屋に入るという方法。もう1つは、それぞれが個室に入るという方法です。

　介護型の老人ホームは**1人部屋が中心**のため、2人部屋に絞って探すと、適当なところが見つからないことも珍しくありません。「夫婦は一緒がよい」という考えの人が多く、埋まりやすいのでしょう。料金的にも、1人部屋を2室借りるより、2人部屋を1室借りるほうが割安な選択となります。

　しかし、P24の事例でも説明した通り、特に、自立の度合いが大幅に異なる両親が2人部屋に入るときは注意が必要です。老人ホームでは、2人部屋であっても、広くて1LD（キッチン付きなら1LK）くらいのコンパクトな空間です。両親は四六時中、顔を突き合わせていることになります。

■ 元気な親は入居後も介護することに？

　介護型では24時間体制で介護を行ってくれますが、当然ながら施設の職員がずっと居室にいてくれるわけではありません。結果、元気なほうの親が**施設に入居してからも介護を続ける**という話をしばしば聞きます。入浴やトイレ、食事の介助は職員がしてくれても、そばにいれば何かと目に入り世話をすることになります。

また、介護型の老人ホームは**外出にも制限**を加えることが一般的です。制限というほどでなくても、行き先と帰宅時間を告げなければならないというのは、仕方のないことでしょう。しかし、親の性格によっては、「**自由を奪われた**」と捉えることがあるようです。

　両親そろっての入居の際には、**介護度が低いほうの親（元気なほうの親）にとって馴染めそうな場かどうかをよく検討**することが大切です。難しそうなら、介護度の高いほうの親だけ入居、もう一方の親は在宅という選択肢も検討しましょう。

夫婦部屋のメリット・デメリット

メリット

- すぐそばにいられる安心
- 個室を2部屋借りるよりも費用的に割安

デメリット

- 夫婦部屋のある施設が少ないため、選択肢が減る
- 入居した場合、元気な親が馴染めない可能性がある
- 元気な親が、要介護の親の世話を続けることに

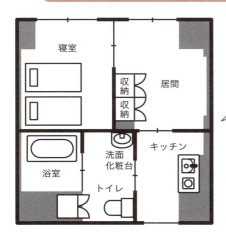

広くても40㎡ほどのコンパクトな空間。ホテルのツインルームのように空間が仕切られていないところもあります

09 入居した後で、利用費が値上がりすることはない？

財源の問題もあり、介護保険制度は厳しい方向に進んでいます。入居後の値上がりは避けられないでしょう。

■ 介護保険のサービスは縮小傾向

　右の図の通り、介護保険で要支援・要介護と認定された人はここ18年で2.6倍ほど増えています。結果、社会保障費は増大し、国は介護保険制度のサービス内容を縮小していく方向へ舵を切っています。

　介護保険制度は3年ごとに改正が行われます。例えば、2015年度は特別養護老人ホーム（特養）について大きな見直しが行われました。それ以前は、要介護1以上が入居対象だったのですが、原則、要介護3以上に。また、「居住費・食費」が軽減される仕組みに、「資産要件」なども加わりました（P116）。所得の多い人の自己負担が1割から2割に増えたのもこのときです。さらに、2018年度には、特に所得の多い人は3割負担となりました。

　限りある財源なのでいたしかたないのかもしれませんが、突然の制度変更には困惑します。実際には、相当期間の審議を経ているのですが、普段、介護保険関連の報道に興味を持っていないと気づかないでしょう。実際、「特養への支払いが月約5万円から10万円ほどへと2倍増になった」と戸惑う声も聞きました（P122のコラム参照）。

■ 施設の料金は変更になる可能性がある

　民間の施設などでも、**入居後に料金がアップ**することがあります。通常、時間とともに介護度は上がります。そうなると、介護にかかる費用は上昇します（P176の重要事項説明書には「利用料金の改定」について

の項目がある)。また、P172で説明する「借地借家法」では入居者の権利が強く保障されますが、有料老人ホームなどの契約形態では保障されません。入居後に、施設の倒産、廃業などで経営者が変わることも考えられます。それまでの契約は継承されないため、月額利用料やルールが変更される可能性があるのです。

　お金のことは4章で詳しく説明しますが、施設での生活は長期にわたる可能性があるので、「予備費」についても考えておく必要があります。

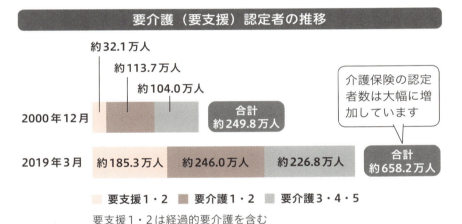

要介護(要支援)認定者の推移

2000年12月
- 約32.1万人
- 約113.7万人
- 約104.0万人
- 合計 約249.8万人

2019年3月
- 約185.3万人
- 約246.0万人
- 約226.8万人
- 合計 約658.2万人

■ 要支援1・2　■ 要介護1・2　■ 要介護3・4・5
要支援1・2は経過的要介護を含む

介護保険の認定者数は大幅に増加しています

出典:「介護保険事業状況報告 月報(暫定版)」(平成31年3月分)厚生労働省より作成

少ない人数で高齢者を支える時代に

1965年	現役世代9.1人で高齢者1人を支えた
2012年	現役世代2.4人で高齢者1人を支えた
2050年	現役世代1.2人で高齢者1人を支える予想

出典:財務省試算

少ない人数で高齢者を支える必要があり、介護保険制度のサービス内容は縮小傾向です

② 「親の施設探し」を始める前に知っておきたいこと

10 特養入居の待機期間を短くするコツはある？

特養入居の待機期間を少しでも短くするめには、判定基準となるポイントを知ることから始めましょう。

■ 特養入居はポイント制で必要性の高い人から

　民間の高齢者施設は建設ラッシュなので、費用の問題がクリアできた場合、すぐにでも入居できるところはあります。しかし、割安感のある特別養護老人ホーム（特養）は数年待ちになることも珍しくありません。
　特養は必要性の高い人から入居できるよう、入居の基準を**ポイント制**で定めています。右の表はさいたま市の特養の入所指針です。介護度が重いほどポイントは高くなり、在宅介護の困難性が加点されます。主たる介護者がいる場合、つまり、**子が親と同居のケースでは必要性が低い**とみなされます。さらに、**居宅サービス利用が多いほどポイントは高く**なります。
　判定基準は自治体ごとに違いますが、おおむね似た傾向です。ホームページに掲載しているところも多いので確認してみましょう。役所の介護保険の窓口に行けば、詳細を教えてくれるはずです。
　また、**数か所の特養に申し込み**をすることは一般的です。待機者の数を聞くと多くて驚くかもしれませんが、実数の4〜5倍になっていると考えましょう。一方、地域によっては料金の安い有料老人ホームに入居者が流れ、特養に空きがあるところもあるようです。**「場所」を広げて探してみる**のも方法です。
　もし、一時的に別の施設に入居して特養が空くのを待つなら、特養も持つグループ法人を検討するといいかもしれません（P60）。

■ 介護を行う家族の事情が変わったときには伝える

介護者が病気になった際には、申し込み後でも事情を伝えてください。高齢の親がもう一方の親を介護しているような場合も、介護を行う親に病気など異変があったときには連絡しましょう。**理由によっては順番を早めてもらえる可能性**があります。「**緊急枠**」もあるはずです。

また、状況によっては要介護1、2でも入居できるケースがあるので、事情がある場合は、最初からあきらめずに説明するようにしましょう。

特別養護老人ホームの入居の優先順位（さいたま市の場合）

1. 本人の状況（最高点40点）

	5	40点
	4	35点
要介護度	3	25点
	2	10点
	1	5点

2. 介護の必要性（最高点15点）

在宅サービスの利用率	
8割以上	15点
6割以上8割未満	10点
4割以上6割未満	5点
老健・病院等の入所・入院期間	
2年以上	15点
1年以上2年未満	10点
6月以上1年未満	5点

3. 在宅介護の困難性（最高点35点）

認知症等による行動障害により在宅生活が困難	0〜35点
主たる介護者である家族がいない（音信不通を含む）	25点
主たる介護者が長期入院、施設入所によりいない	20点
主たる介護者が高齢または障害者等で介護が困難	15点または20点
複数の要介護者がいるため介護負担が大きい	15点または20点
主たる介護者が就業または育児により介護が困難	15点
家族等の支援が困難かつ地域の介護サービス等に不足がある	15点または20点
その他の理由により介護が困難	5点

4. 本人の住所地

さいたま市内	さいたま市外
10点	0点

出典：「さいたま市特別養護老人ホーム入退所指針 平成29年8月7日改正」さいたま市 より作成

11 施設に入れば「終の棲家」になる？

「介護型」は終の棲家となるケースが多いですが、「住宅型」は終の棲家にはなりにくいと理解しておきましょう。

■ 介護型か？ 住宅型か？

施設が終の棲家となり得るかどうかについて考える場合、まずは、「介護型／住宅型」という言葉の意味するところを理解しましょう。

P2の表を見るとわかるように、高齢者施設には大きく分けて「介護型」と「住宅型」があります。「介護型」は、介護保険で入居する施設と「特定施設（特定施設入居者生活介護）」の指定を取っているところです。それ以外の施設は、「介護付き」と名乗ることのできない「住宅型」です。

指定を受けている施設は、施設職員の配置基準が定められており、24時間体制で、要介護度ごとに定められた定額制で介護を提供します。

一方、「住宅型」では、介護が必要な場合は、自宅にいるときと同じように、介護事業者と契約して別途費用を支払い、必要なサービスを受けることになります（多くの「住宅型」には、関連の介護事業者が併設しており介護サービスを提供している。併設施設についてはP160）。

■ 「住宅型」は終の棲家になりにくい

「介護型」と「住宅型」、それぞれにメリット・デメリットがありますが、介護目的での施設探しなら、**「介護型」がベター**といえるかもしれません。24時間切れ目のない介護を受けられるからです。費用も「定額制」なので、わかりやすいといえます。

一方、「住宅型」では、介護が必要な場合は、自宅にいるときと同じように、介護事業者と契約して別途費用を支払い、必要なサービスを受

けることになります。切れ目ない介護を提供するわけではないため、認知症が進行したり、介護の必要度合いが重くなったりすると住み続けることが難しくなり、「**退去勧告**」がなされることが珍しくありません。

ただ、「介護型」であっても、医療依存度が上がったり認知症での迷惑行動などがあったりすると退去勧告されるケースもあります。入居後に長期入院をすることになった場合も、通常、特別養護老人ホームでは3か月で退去となります（1か月で退去を促された事例も）。

P198で「強制退去となるケース」について説明しますが、**入居が決まっても「これで安心」と考えない**ほうがよいと思います。

介護型・住宅型の介護体制

	介護型 （介護保険施設・特定施設）	住宅型
介護サービスの契約	入居する施設と契約	別途サービス提供事業者と契約
介護スタッフ	原則、施設職員による24時間体制	施設外の職員により、契約した時間のみ
料金	要介護度ごとの定額制	契約した内容により変わる
ケアプラン	施設のケアマネジャーが担当	施設外のケアマネジャーが担当
終の棲家	なり得るケースが多い	なりにくいケースが多い
メリット	費用が一定額でわかりやすく、24時間切れ目なく介護を受けられる	必要なサービスのみ選択できる。介護度が低いときは経済的

12 数種の施設を運営しているところのほうがいい？

グループ運営の施設に入居すると親の心身の状況が変化したときに、別の施設へ住み替えられるケースもあります。

■「○○会」「△△グループ」は複数の施設を運営

　施設の経営母体の中には、「○○会」「△△グループ」といった名称で複数の形態の異なる施設を運営しているところがあります。社会福祉法人では、特別養護老人ホーム（特養）を柱にグループホームや有料老人ホーム、ケアハウスなどを運営しているところが多く、医療法人では、総合病院を柱に老人保健施設（老健）やグループホーム、有料老人ホームなどを運営していたりします。民間会社でも、有料老人ホームやサービス付き高齢者向け住宅、グループホームなど形態の異なる施設を複数運営するところは珍しくありません。

　必ずしもグループ運営が優れているわけではありませんが、「住宅型か？ 介護型か？」と決めかねるような場合は、**複数の形態の施設を運営するところを検討**するのも一案です。病気の心配があるなら、病院併設だとより安心感は高いといえるでしょう。

■ 同グループ内なら、移動がスムーズな場合もある

　特養を望むけれども待機者が多くて入居まで時間がかかる場合、同じグループの有料老人ホームなどに入って待機していると、多少は特養入居の順位を融通してくれるケースもあるようです。

　グループホームやケアハウスに入居した後に、介護度が重くなって**そこでの生活継続が難しくなる**こともあります。施設側としても、行き場のない高齢者を追い出すのは忍びないのか、同経営の老健や特養への移

動を提案されたという人もいました。

　民間会社の住宅型有料老人ホームでも、介護度が高くなった場合は、グループ内の介護付き有料老人ホームへ優先的に移動させるというところもあります。見学の際に、近隣に別の施設がある場合は見せてもらいましょう。そして、**グループ内でどのような入居者の住み替えが行われているか**（費用はどうなるかも含め）、その実績を確認してください。

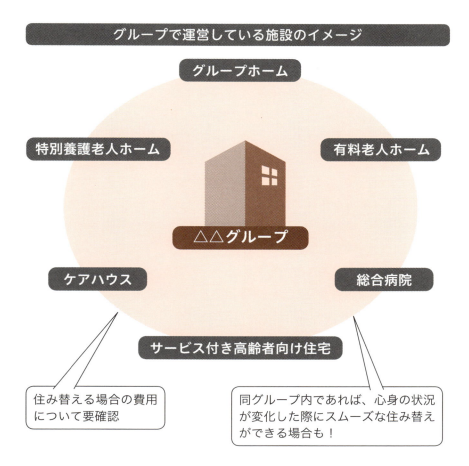

グループで運営している施設のイメージ

グループホーム
特別養護老人ホーム
有料老人ホーム
△△グループ
ケアハウス
総合病院
サービス付き高齢者向け住宅

住み替える場合の費用について要確認

同グループ内であれば、心身の状況が変化した際にスムーズな住み替えができる場合も！

13 医療依存度の高い親は病院併設が安心？

「医療処置」が必要なケースでは、入居できる施設が限定される可能性があります。事前に対応の有無を確認しましょう。

■ 医療処置は難しい現実

　右の図は、特別養護老人ホーム（特養）における**医療処置**などが必要な入居申込者への対応の調査結果です。例えば「吸入・吸引」が必要なケースの申し込みを「断ることがある」「原則として断る」と回答している割合は58.4％、「経鼻経腸栄養等」では56.4％、「注射・点滴」においては83.1％となっています。

　特養での医師の配置は、非常勤の「嘱託医」が1名のみです。通常、週に2回ほど施設を訪れて診察します。医師の不在時に入居者の具合が悪くなったら、看護師の判断で、病院で受診するか救急車を呼びます。看護師は入居者の数によって違いますが、100名定員なら3名です。といっても、常時3名がそろっているわけではなく、特に夜間は手薄になります。医療に手が回らないのは当然といえるでしょう。

　有料老人ホームであれば、もっと充実したケアを行ってくれるのではないかと期待しがちですが、そうとも限りません。料金の高い施設でも**医師が常駐しているところはめったにありません**。看護師の配置基準も特養と変わらず、24時間体制で常駐しているところは少ないです（P114）。親に医療措置が必要な場合は、それを最優先条件に据えて、施設を探す必要があると思います。

■ 医師・看護師との連携体制、提携病院を確認

　日常的な医療措置の必要がない場合でも、医師・看護師との連携体制、

提携病院の場所、診療科目、病院までの送迎の有無（費用）などを確認しておきたいものです。忘れがちですが、内科だけでなく、**歯科**や**耳鼻科**などとの連携、**認知症対応**についても聞いてみましょう。

病気がちな親の場合は、同じグループの病院が同敷地内、もしくは近辺にある施設だと、「連携」という点で安心感は高まるかもしれません。

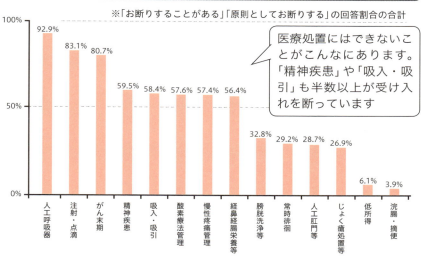

特養における医療処置などが必要な入居申し込みを断る割合

※「お断りすることがある」「原則としてお断りする」の回答割合の合計

医療処置にはできないことがこんなにあります。「精神疾患」や「吸入・吸引」も半数以上が受け入れを断っています

出典：「平成23年度特別養護老人ホームにおける待機者の実態に関する調査」2012年、厚生労働省

介護保険でのホームヘルパーが「身体介助」としてできないことの例

- 1回分の薬の取り分けや処方された薬の仕分け
- 口を開けさせて薬を飲むのを手伝うこと
- 巻き爪など変形した爪の爪切り
- 本人の代わりに医師に説明したり、説明を受けること
- 医学的判断が必要な傷の処置　　　　　　　　　　　など

ヘルパーだけではできない行為があります。こうしたサポートが必要な場合は、見学の際に誰がどのように行うのかを確認しましょう

コラム❸

「無届けホーム」は、より慎重に判断を

　特別養護老人ホームなどの介護保険施設はもちろんのこと、本書で説明している各種施設を運営するには、都道府県などに届けを出す必要があります。

　しかし、届けを出さずに運営する高齢者施設もあります。「無届けホーム」などと呼ばれ、しばしば事故や虐待などの問題が発生し、報道で取り上げられています。

　施設の分類が不明瞭な場合は、届け出の有無を確認しましょう。そして無届けの場合は、その理由を聞いてください。

　無届けホームの中には、「契約書」も体をなしていないところもあると聞きます。そういう施設を選ぶと、トラブルが発生した際に後悔することに……。例えば2018年夏に、京都市内のある無届けホームが閉鎖しましたが、本来は義務である前払い金の保全措置をしていなかったため、入居者に返金がなされなかったという報道がありました。入居者は泣き寝入りしている状態だとか。

　「お泊りデイ」と呼ばれる、夜間安い料金で宿泊できるデイサービスなどもあります。介護保険外のサービスで、2015年に国のガイドラインができて市区町村への届けが必要となったものの、法的拘束力はありません。

　制度外であっても、すべてが悪いわけでなく、理念を持ってきちんとした運営をしているところもあります。「お泊りデイ」にしてもニーズがあるから広がったわけです。とはいえ、制度外の施設・サービスを選ぶときには、より慎重な姿勢でのぞみたいものです。

chapter

3

施設の種類と サービスの違いを 知ろう

ここまでさまざまな施設が出てきましたが、入居条件、受けられるサービス内容、費用などは、施設ごとに異なります。
本章で施設の種類や特徴を把握することで、「自分の親には、どのような施設が向くか」が見えてくるでしょう。

01 そもそも高齢者施設は「福祉」?「営利」?

高齢者向け施設は、福祉施設か民間施設かによって重視するポイントが異なります。

■「福祉施設」は弱者救済の使命で運営

　施設の内容を種類別におさえる前に、そもそも「施設」とは福祉事業なのか、営利事業なのかを考えてみましょう。「介護」や「高齢者施設」という文字から、「福祉（非営利）」を連想する人も多いかもしれません。確かに、高齢者向けの施設には、こうした「福祉（非営利）」の意味合いで運営されているところがあります。

　右の表にある介護保険施設やケアハウスは老人福祉法で規定された「老人福祉施設」として、弱者救済の使命があり、困っている人を優先して助けていくという責務を背負っています。一般的に、老人福祉施設に入ることは「入居」ではなく、「入所」と表現します。自らの選択というよりも、管理された側面を感じます（本書では、あえてすべての施設を「入居」と記述します）。

■「民間施設」は営利を優先

　一方、「民間施設」は営利を追求しながら運営しています。福祉施設と民間施設のどちらが「よい」ということではなく、表面的には似ていても根本的な考え方が異なることを認識しておくべきです。

　もちろん、民間施設でも福祉的な感覚を備えているところはあるでしょう。けれども、倒産しては元も子もないため、利益を生まない経営を行うことはできません。施設選びでは、消費者としての視点が不可欠だと認識しましょう。

施設の種類とサービス形態

	種類		サービス形態	介護度 自立 ⇔ 重度
介護型	福祉施設	特別養護老人ホーム（特養）	介護保険施設	
	福祉施設	老人保健施設（老健）	介護保険施設	
	福祉施設	介護医療院／介護療養型医療施設	介護保険施設	
	民間施設	介護付き有料老人ホーム【特定施設】	有料老人ホーム	
	民間施設	サービス付き高齢者向け住宅（サ高住）【特定施設】	高齢者向けの賃貸住宅	
	民間施設	グループホーム	地域密着型（施設）	
	福祉施設	ケアハウス【特定施設】	福祉施設	
	民間施設	小規模多機能型居宅介護施設	地域密着型（居宅サービス）	
住宅型	民間施設	住宅型有料老人ホーム	有料老人ホーム	
	民間施設	サービス付き高齢者向け住宅（サ高住）	高齢者向けの賃貸住宅	
	福祉施設	ケアハウス	福祉施設	
	福祉施設・民間	シルバーハウジングなど	その他の施設	

3 施設の種類とサービスの違いを知ろう

特別養護老人ホーム、サービス付き高齢者向け住宅、ケアハウスなどなど……
どの施設が福祉施設？ 民間施設？

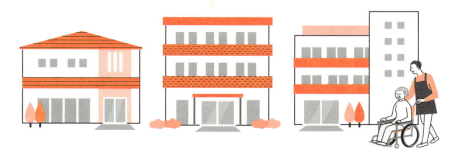

02 特別養護老人ホーム（特養）とはこんなところ

待機者が多く入居が難しいといわれる「特養」ですが、地域によって事情は異なります。

■ 重度の介護を行うための施設

特別養護老人ホームとは、介護保険制度の施設介護サービス計画に基づいて入浴・排せつ・食事などの介護、日常生活上の世話、機能訓練、健康管理、および療養上の世話を行うところです。申し込めるのは、原則、**要介護3以上**です。人気が高く待機者が多数います（地域によって待機者の少ないところもあり、要介護1、2でも入居可能なケースもある／P56）。

居室は「**多床室**」（相部屋）、いわゆる「**個室**」、さらにユニット（10人程度の生活単位）が設定された「**ユニット型個室**」があります。ユニット型は1ユニットごとに専用の居住空間と専任の職員を配置することにより、大規模施設でありながら、小規模で家庭的な雰囲気の中できめ細やかな介護を受けることができます。

また、夏祭り、花見などの季節のイベントやレクリエーションが充実しているところが多いです。

■ 入居の順は必要性の高い人から

入居にあたっては、申し込み順ではなく、**必要性の高い申込者から優先**されます。各自治体では独自の**優先入所指針**（P57）を作成し、申込者の状況ごとに**優先ポイント**をつけています。優先入所指針はホームページなどで公開しているところも多いので、親の暮らす自治体ではどのようになっているか調べてみましょう。通常、要介護3より要介護5

のほうが、介護する家族が身近にいるケースより遠方にいるケースのほうが優先度は高くなっています。つまり、**独居で要介護度が高いと、優先順位も高い**と考えていいでしょう。

　利用料は要介護度に合わせて日額の「**施設サービス費**」が決まるので、自己負担額も変わってきます。さらに「居住費」「食費」「光熱費」「生活費」は必要ですが、有料老人ホームと比較すると安めで、おむつ代なども施設サービス費に含まれます。

　詳細は4章で紹介しますが、低所得でも負担が重くならないように軽減策が用意されていることも人気の理由です。

特別養護老人ホームの特徴

常時介護が必要で、**在宅での生活が困難**な場合に入居できる施設

介護保険	「施設サービス」を利用
費用	比較的低コスト（所得による軽減あり）
要介護度	原則、要介護3以上（状況によっては要介護1〜）
認知症対応	対応あり
看取り対応	対応は個々で異なる
介護・看護職員	3：1配置
居室	個室、多床室（相部屋、4人部屋で1人あたり10.65㎡）
住民登録の有無	住民登録者を優先するところが多い
申し込み	直接施設へ（自治体によっては役所へ申し込み）

介護・看護職員の「3：1配置」とは「要介護者3名に対して常勤職員が1名」という意味です。短時間のパート勤務者は、勤務する時間に応じて計算します

03 老人保健施設（老健）とはこんなところ

退院後、自宅に戻るためにリハビリを行う施設ですが、特養の待機に利用するケースも少なくありません。

■ リハビリで在宅復帰を目指す施設

老人保健施設とは、入院していた**要介護1〜5**の高齢者が「退院となったけれど、まだ家庭に戻るのは難しい」という場合に入居して、**在宅復帰を目指す**ための施設です。「病状が安定している」「入院治療の必要がない」ことが入居の条件となります。家庭と病院の中間にある施設と捉えましょう。

老健では、利用者それぞれの目標に応じた介護サービス計画書を作成し、必要な医療、看護や介護、リハビリテーションを提供します。施設の特質上、医療法人が運営しているケースも多いので、親が入院した際には**系列の老健の有無を確認しておく**といいでしょう。

居室は特別養護老人ホーム（特養）同様、4人部屋や個室があり、ユニット型を採用するところもあります。医師は常勤、看護師の人員も多く、リハビリテーションの専門職であるOT（作業療法士）、PT（理学療法士）またはST（言語聴覚士）も配置されています。

在宅復帰を目指す施設のため、入居期間は原則3〜6か月ほどとなっていますが、実際には、もっと**長期間入居**している高齢者も珍しくありません。

■ 特養の待機に利用するケースも

入居にあたっては、施設に直接申し込むことになります。親の担当ケアマネジャーと相談の上で問い合わせましょう。現在の状態、病状、生

活歴、そして診療情報提供書などを提出すると、「入所判定会議」で入居の可否が決定されます。限定された期間のみ入居できる施設なので、空きが出やすく、特養よりは入りやすいと考えていいでしょう。

　また、推奨される方法ではないものの、**特養に入居できるまでの待機場所**として入居している人が多いのも事実です。期限が来ると、一時的に入院する人、または別の老健に移る人もいます。寒い地域では、雪の多い期間だけ入居するという人もいます。

老人保健施設の特徴

病状が安定し、自宅へ戻るための**リハビリが必要**な場合に入居できる施設

介護保険	「施設サービス」を利用
費用	比較的低コスト（所得による軽減あり）
要介護度	要介護1以上
認知症対応	対応あり
介護・看護職員	・3：1配置 ・医師が常勤 ・リハビリテーションの専門職も配置
居室	個室、多床室（相部屋、4人部屋で1人あたり8㎡）
住民登録の有無	住民票がなくても可
申し込み	直接施設へ

特養の待機に利用する方も多く、平均滞在日数は299.9日と、現実は3か月よりも大幅に長くなっています（平成28年「介護サービス施設・事業所調査」厚生労働省）

04 介護療養型医療施設、介護医療院とはこんなところ

「施設」といっても病院と変わらないので、医療的ケアは充実。
療養病床は介護医療院などに転換されつつあります。

■ 寝たきりなど重度の要介護者をケア

　介護療養型医療施設（療養病床）とは、急性期（病気になり始めた時期）の治療を終えたものの寝たきりなどで在宅介護が難しい人に対して、介護保険制度の施設介護サービス計画に基づいて、入浴・排せつ・食事などの介護、日常生活上の世話、機能訓練、健康管理、および療養上の世話を行う施設です。

　「施設」といっても、外見は一般的な**病院**と変わりません。介護保険の他の施設サービスと違い**医療療養を目的**としているので、慢性的な病気があっても入居できます。病院内に併設されているところが多く、建物の1フロアを療養病床としているところもあります。一般病床において必要な設備のほか、機能訓練室、食堂、談話室、浴室が備わっています。

　対象は**要介護1**からですが、実際には要介護4、5の人が多いといえるでしょう。部屋は個室のところもありますが、4人部屋が中心です。

■ 療養病床は廃止され「介護医療院」などに転換

　病院なので痰の吸引、胃ろう、酸素吸入、経鼻栄養といった医学的管理下でのケアは充実していますが、レクリエーションなどのサービスはほとんど提供されていません。

　介護保険が適用される「**介護療養病床**」（介護型）の他に、医療保険が適用される「**医療療養病床**」（医療型）もあります。区別は難しいのですが、医療依存度の高い場合は医療型になるケースもあります。

医療型との区別があいまいなこと、また医学的には入院の必要がなく、在宅での療養が可能であるにもかかわらず、家庭の事情により病院で生活をしている「**社会的入院**」が多いことが問題視されている現状があります。そのため、療養病床は2024年3月までに廃止されることになっており、転換先として2018年度に「**介護医療院**」が創設されました。

入居を希望する場合は、ケアマネジャーに相談した上で直接申し込みます。親が入院中の場合は、**病院内の相談室で相談**してみるのもいいでしょう。

介護療養型医療施設（療養病床）・介護医療院の特徴

急性期の治療が終わり、長期の療養が必要な場合に入居できる施設

介護保険	「施設サービス」を利用
費用	比較的低コスト（所得による軽減あり）
要介護度	要介護1以上（実際には要介護4、5の人が中心）
認知症対応	対応あり
看取り対応	対応は個々で異なる
介護・看護職員	・3：1配置 ・医師が常勤
居室	・個室、多床室（4人部屋が中心） ・介護医療院は4人部屋で1人あたり8㎡
住民登録の有無	住民票がなくても可
申し込み	直接施設へ

療養病床には「老人性認知症疾患療養病棟」もあります。重度の認知症を患っている方の精神的、身体的な療養を目的としています

3

施設の種類とサービスの違いを知ろう

73

05 住宅型有料老人ホームとはこんなところ

施設ごとに料金体系や提供される介護サービスが大きく異なるため、慎重な比較検討が必要です。

■ 月10万円以内の安価なところから超高級施設まで

　有料老人ホームは、介護の必要度に応じて、「住宅型有料老人ホーム」「介護付き有料老人ホーム」「健康型有料老人ホーム」の3つに大きく分かれます。このうち、健康型有料老人ホームは全体の1％以下とごく少数。親のこれからを心配して子が検討する際の選択肢にはなりにくいので、本書では説明を省きます。

　ここで紹介する「**住宅型有料老人ホーム**」は、有料老人ホーム全体の約6割を占めています（介護付きが残りの約4割）。介護保険の「特定施設入居者生活介護（特定施設）」の指定を受けていないので**「介護付き」「ケア付き」を表記することはできません**。基本的には食事のサービスと緊急時の対応などの日常生活の支援、レクリエーションの提供をしています。

　入居のための料金の幅は広く、家賃や食費、基本サービス込みで初期費用0円、月10万円以内の安価な設定のところがある一方、「億」の単位に至る超高級なところまであり、選ぶ際にはサービス内容と料金の関係について、最も慎重になるべき施設だといえるでしょう。

■ 介護度が重くなった場合の介護体制もさまざま

　施設ごとに、介護体制も大きく異なります。**人員配置に基準がない**ため、次項の「介護付き有料老人ホーム」と変わらない体制の施設がある一方で、重度な介護が必要になれば住み続けることが難しい施設もあります。

介護については、敷地内に介護サービスを提供する関連事業者が入っているところが多く、個別に契約して利用します。**他の事業者と契約することも可能**なので、例えば親の自宅の近所の施設の場合、これまでのケアマネジャーに引き続きお願いすることもできます（本意でなくても、施設側は拒否できない）。

サービスの費用は、介護保険の対象となる部分の1割または2割、3割の自己負担分が必要です。介護の必要度合いが高くなると、介護保険の限度額を超えてしまい全額自費の追加料金が発生し、「介護付き」より割高となることもあります。

住宅型有料老人ホームの特徴

自立した生活を送れる人、**要介護度が比較的軽度**の高齢者向けの民間施設

介護保険	個別に契約し「居宅サービス」を利用
費用	低コストから超高級まで幅広い
要介護度	比較的元気な人を対象（要介護5でも受け入れるところもある）
認知症対応	個々に異なるが、中重度は対応不可のところが多い
看取り対応	対応不可のところが多い
介護・看護職員	配置基準なし
居室	個室（13㎡以上）中心
住民登録の有無	民間施設なので全国どこでも申込可
申し込み	直接施設へ

「有料老人ホーム」全体の約6割がこの「住宅型」。人員配置基準はなくケア体制もさまざまなので、入居を検討する際には慎重に判断しましょう

06 介護付き有料老人ホームとはこんなところ

24時間体制で施設職員が介護を行います。民間施設なので、さまざまな特色を打ち出しています。

■ 24時間体制で介護を受けられる民間の老人ホーム

介護付き有料老人ホームは、各都道府県から介護保険の「**特定施設入居者生活介護（特定施設）**」の指定を受けており、「**介護付き**」「**ケア付き**」**と表記**しています。介護サービス計画に基づき、入浴・排せつ・食事などの介護、その他の日常生活上ならびに療養上の世話、機能訓練を行います。介護サービスは**24時間体制**で施設の職員が行うので、「住宅型」と異なり、基本的なサービスについては介護保険の限度額を超え追加料金が発生することはありません。人員配置にも基準があり、3人の要介護者に対し、1人以上の介護または看護の職員を配置することが義務づけられています。

民間運営なので競争原理が働き、それぞれ特色があります。看護やリハビリが充実したところ、ラグジュアリーな設備や空間を売りにしているところなど……、親のニーズに合うところを検討しましょう。

入居時の要件は介護の必要な度合いにより右の表のようになっています。身の回りのことができる親の入居を考えているときは、**親と同程度の心身状態の入居者がどのくらいいるのか確認**を。すでに入居している人たちと状況が大きく異なると、馴染みにくい場合があります。

■ 高額な入居一時金が必要なところが多い

住宅型有料老人ホームにも共通しますが、支払い方法には「**全額前払い方式**」や「**月払い方式**」などがあります（P173）。前者は入居後の居住

費を事前に支払うもので、年齢によって金額設定を分けているところもあります。後者は、前払いしないで家賃分を毎月支払う方法です。

P182で詳しく説明しますが、入居一時金方式の返還トラブルを防止するために、入居後3か月以内に解約した場合は、入居一時金を返還しなければならないという「**クーリングオフ（90日ルール）**」が法制化されています。家賃相当分と実際のサービスにかかった費用以外が戻ってきます。

介護付き有料老人ホームの特徴

介護保険の特定施設の指定を受け、食事や清掃、介護サービスまで、すべてを施設職員が提供する民間施設

介護保険	「特定施設入居者生活介護」を利用
費用	比較的高コスト
要介護度	「入居時自立型」「介護専用型」「混合型」などがある
認知症対応	対応するところが多い
看取り対応	個々に対応は異なる
介護・看護職員	・3：1以上 ・より手厚い配置の場合は別途費用がかかる（P102）
居室	個室（13㎡以上）中心
住民登録の有無	民間施設なので全国どこでも申込可
申し込み	直接施設へ

入居時の条件

①入居時自立型	介護保険の認定を受けていない「自立」の人のみ入居できる
②介護専用型	介護保険で「支援」や「介護」が必要と認定されている人のみ入居できる
③混合型	①②のどちらも入居できる

サービス付き高齢者向け住宅（サ高住）とはこんなところ

安否確認、生活相談サービスを提供する賃貸住宅です。食事や介護サービスの有無、内容を確認しましょう。

■ 93％のサ高住は施設ではなく、賃貸住宅

サービス付き高齢者向け住宅（サ高住）とは、そのネーミングから介護付きの高齢者施設と思われがちですが、そうではありません。P80で説明する「特定施設」指定を取っているところ以外は、**賃貸住宅**だと考えましょう。

必ず付いているサービスは、「**安否確認**」と「**生活相談サービス**」のみ（「特定施設」の指定を受けているサ高住は、全体の約7％のみ。言い換えれば、93％のサ高住は「住宅型」＊）。日中はケアの専門職（右ページ参照）が対応しますが、夜間は職員が常駐しないところもあります。国は2020年までに60万戸にすることを目標としており、補助金や税制優遇を受けられることから、2011年の制度開始以来、急増しています。

入居対象となるのは原則「自立」の人、または軽度の介護を要する人となっています。とはいえ、**実際には「要介護5」でも受け入れる**ところが少なくありません。

居室は1人用と2人用があります。個室の広さは原則25㎡以上となっていますが、**実際には18㎡**のところが多いのが実情。生活するための場と考えると手狭なので、**共用スペースの確認**も大切です。

■ オプション料金で個別サービスを提供

ケアの内容はサ高住ごとに大きく異なり、多くは**オプション料金**を支払うことで、食事の提供や、家事支援などのサービスも行われています。

敷地内に介護サービス事業者が入っているところが多く、介護が必要になったときには各自契約することで、自宅にいるときと同じように介護保険の居宅サービスを利用できます。

一方、サ高住の特色の1つが、**入居一時金が不要**という点です（一部、「入居一時金方式」を選択できるところも）。介護の必要度合いが高くなれば住み続けられなくなる可能性がありますが、一時金を払っていなければ、入居後も**退去の決断がしやすい**といえるでしょう。

＊「サービス付き高齢者向け住宅の現状と分析」2018年8月末、一般社団法人高齢者住宅推進機構

サービス付き高齢者向け住宅の特徴

自立した生活を送れる人、要介護度が**比較的軽度**な高齢者向けの民間**賃貸住宅**

介護保険	個別に契約し「居宅サービス」を利用
費用	有料老人ホームと比べ、やや低コスト
要介護度	比較的元気な人を対象（要介護5でも受け入れるところもある）
認知症対応	個々に異なるが、中重度は対応不可のところが多い
看取り対応	対応不可のところが多い
介護・看護職員	・配置基準なし（ただし、ケアの専門家が日中は常駐） ・夜間はスタッフが常駐しないところもある
居室	1人部屋（18㎡中心）、2人部屋
住民登録の有無	民間施設なので全国どこでも申込可
申し込み	直接施設へ

ケアの専門職とは？

- 社会福祉法人・医療法人・指定居宅サービス事業所等の職員
- 医師　● 看護師　● 介護福祉士
- 社会福祉士　● 介護支援専門員
- 介護職員初任者研修課程修了者

専門職といっても、「職員」なら資格のない人も

08 サービス付き高齢者向け住宅【特定施設】とはこんなところ

サ高住の中でも「特定施設」の指定を取っているところでは、24時間体制で介護を受けることができます。

■ サ高住でも、「特定施設」指定なら介護施設

　サービス付き高齢者向け住宅（サ高住）には、介護付き有料老人ホームと同じように各都道府県から介護保険の「**特定施設**」の指定を受けているところがあります。ここは、通常のサ高住とは別物であると認識したほうがいいでしょう。介護費用は要介護度ごとに決まっており、その都度の契約ではなく内部の職員が**24時間体制で介護サービスを提供**します。ただし、前項でも説明した通り、指定を取ったサ高住は**ごく少数**です。

■ ケアは行き届いていても自由度は低い

　特定施設であればサ高住であっても通常の浴槽と、車いすのまま入浴できる「機械浴」を備えていることが一般的。ただし、ケアは行き届いているものの、入浴の回数なども細かく決められています。それは「特定施設」の運営基準に、「自ら入浴が困難な利用者については1週間に2回以上入浴または清拭すること」とあるためです。施設ごとに状況は異なりますが、自分で入浴できても、「週2回」のルールが覆らないこともあります。3回にすれば、人件費の問題が出てくるからでしょう。

　以前、ある特定施設指定のサ高住を見学したときに、「足が丈夫な人でも、勝手に近くの自動販売機にジュースを買いに行ったり、コンビニに行ったりすることはできません」と一番に言われたことが印象的でした。中には、外出が減って足が弱くなることを心配する入居者もいるよ

うです。

　有料老人ホームにも共通することですが、ある程度身の回りのことができる親の場合、**「特定施設」がよいとは限りません**。親の状況とミスマッチにならないように、提供されるケアの内容をしっかり確認することが大切です。

サービス付き高齢者向け住宅【特定施設】の特徴

介護保険の「特定施設」の指定を受け、施設職員が介護サービスを提供する民間施設

介護保険	「特定施設入居者生活介護」を利用
費用	介護付き有料老人ホームよりはやや低コスト
要介護度	「介護専用型」「混合型」などがある
認知症対応	対応するところが多い
看取り対応	対応は個々に異なる
介護・看護職員	・3：1以上 ・より手厚い配置の場合は別途費用がかかる（P102）
居室	個室
住民登録の有無	民間施設なので全国どこでも申込可
申し込み	直接施設へ

介護型サ高住【特定施設】のメリット・デメリット

メリット

○ 24時間体制で介護を受けることができるので安心

○ 介護費用が一定額なのでふくれ上がる心配がない

デメリット

△ ケアマネジャーや介護事業者を自らの意思で選択できない

△ 自由度が低く、外出制限などがある

③ 施設の種類とサービスの違いを知ろう

09 グループホーム（認知症対応型共同生活介護）とはこんなところ

認知症の高齢者が少人数で暮らす小規模な施設で、地域住民限定で利用できます。

■ 地域の認知症の住民だけが入居できる

　グループホームとは、**認知症**の高齢者が1ユニット9人までで、家庭にいるような環境の中で、入浴や排せつ、食事などの介助や機能訓練、レクリエーションを受ける施設です。おおむね身辺の自立ができており、共同生活を送ることに支障のない人を対象としています。「**地域密着型サービス**」といって、介護が必要な状態になっても住み慣れた地域で暮らしていけるように、市町村指定の事業者が地域住民に提供するサービスの1つです。つまり、その自治体の**住民票のある住民だけが入居**することができます。

　例えば、別の自治体で暮らす親を呼び寄せて、子の暮らす自治体にあるグループホームに入ってもらおうと考えたとしても、すぐには難しいと思います。自治体によって対応は異なりますが、住民票を移してから一定期間経たなければ申し込みを受け付けないところが多いです。先に紹介した特別養護老人ホームの中でも入居定員30人未満のところは、同じく「地域密着型サービス」となり、地域住民のみ入居できるようになっています。

■ 入居者個々の生活を重視

　入居者は介護サービス、生活支援サービスを受けながら、料理や掃除、洗濯などの家事に参加しながら共同生活を行います。集団の中での画一的なケアとは異なり、**入居者個々の生活を重視**するものです。居室は個

室になっており、交流できるリビングや食堂があります。

　介護職員は利用者3名に対して1名以上を配置。グループホームによっては、地域住民がボランティアに入るなど人員体制が手厚く、入居者の自由な外出をサポートするところもあります。ただし、看護師などの医療職員の配置基準はないので、医療依存度が高くなってくると住み続けることは難しくなることが一般的です。

グループホームの特徴

認知症の高齢者が1ユニット9人までの少人数で、入浴や食事、排せつなどの介助を受けながら共同生活を送る施設

介護保険	「認知症対応型共同生活介護」を利用
費用	比較的低コスト
要介護度	要支援2、要介護1以上
認知症対応	対応あり
看取り対応	対応不可のところが多い
介護・看護職員	・ユニットごとに3：1以上 ・看護職の配置基準はない
居室	個室（7.43㎡以上）
住民登録の有無	住民登録者のみ入居できる
申し込み	直接施設へ

「1ユニット」のイメージ

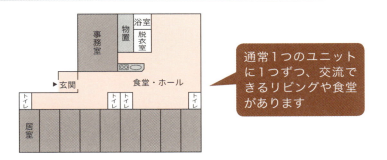

通常1つのユニットに1つずつ、交流できるリビングや食堂があります

10 ケアハウス（軽費老人ホーム）【住宅型・介護型】とはこんなところ

公的補助のある福祉施設で、「住宅型」と、特定施設の指定を取った「介護型」があります。

■ 低所得でも入れる福祉施設

　ケアハウス（軽費老人ホーム） とは、家庭環境や経済状況などの理由により自宅での生活が困難であり、生活に不安のある高齢者向けの住まいで、「**住宅型**」と、特定施設の指定を取った「**介護型**」があります（所得制限があるわけではない）。

　食事や安否確認、レクリエーションなどのサービスを提供します。原則個室で、食事は食堂で提供されます。所得の低い人でも安心して生活できるよう助成制度を利用できる福祉施設という位置づけで、以前は社会福祉法人の運営が主でしたが、現在は民間企業も参入しています。ただし、「軽費」とはいえ、入居一時金が必要なところもあります。

■ 24時間体制の介護を望むなら「介護型」を選択

　「住宅型」は身の回りのことができる60歳以上の高齢者または夫婦のどちらか一方が60歳以上、「介護型」は要支援1、2または要介護1〜5の65歳以上を対象としています。原則として**自治体住民が優先**となっていますが、別の自治体住民を受け入れるところも少なくありません。

　「住宅型」で介護サービスを利用したい場合は、各自介護サービス事業者と契約して自宅にいるときと同じように介護保険の居宅サービスを利用することになります。また、介護度が重くなると住み続けることが難しくなることもあります。実際、「退去勧告」を受けたケースを複数見ました。

「介護型」は、ケアハウスの職員が**24時間体制で介護**するので、重度の介護にも対応します。ケアハウスの約2割が、特定施設の指定を受けた「介護型」です。「介護型」のケアハウスは特別養護老人ホーム、有料老人ホーム、サービス付き高齢者向け住宅（特定施設）と大きな違いはないと考えていいでしょう。

入居の申し込みは、自治体が受け付けるところと、各施設が直接受け付けるところがあります。

グループホームの特徴

家庭での生活が困難な高齢者が日常生活のサポートを受けられる施設（住宅型と介護型）

	住宅型	介護型
介護保険	個別に契約し「居宅サービス」を利用	「特定施設入居者生活介護」を利用
費用	比較的低コスト（所得による軽減あり）	
要介護度	比較的元気な人を対象	要支援1・2または要介護1〜5
認知症対応	個々に異なるが、中度以上は対応不可のところが多い	対応するところが多い
看取り対応	対応不可のところが多い	個々に対応は異なる
介護・看護職員	配置基準なし	3：1配置
居室	1人部屋、2人部屋	個室（21.6㎡以上）
住民登録の有無	住民登録者を優先するところが多い	
申し込み	直接施設へ（自治体によっては役所に）	

11 小規模多機能型居宅介護施設とはこんなところ

自宅に住まいながら、「通い」「宿泊」「訪問」を組み合わせて利用できるサービスです。

■ 自宅に住みながら「通い」「宿泊」に加えて「訪問」も

　小規模多機能型居宅介護施設（小規模多機能）は、利用者が可能な限り自立した日常生活を送ることができるよう、利用者の選択に応じて、施設への「**通い**」を中心として、短期間の「**宿泊**」や利用者の自宅への「**訪問**」を組み合わせ、家庭的な環境のもと24時間体制で日常生活上の支援や機能訓練を行うサービスです。

　利用定員が定められており、1つの事業所あたり25人以下の登録制となっています。1日に利用できる通所サービスの定員は15人以下、泊まりは9人以下です。グループホームと同じ「**地域密着型サービス**」に分類され、施設の所在地と同じ自治体に住んでいる場合に利用できます。自宅に住みながら利用するサービスですが、中にはずっと宿泊している人もいます。

■ 要介護度ごとに決められた定額料金

　小規模多機能を利用する場合、他の事業所の訪問介護（ホームヘルパー）やデイサービス、ショートステイを利用することはできません。ケアプランも、小規模多機能の事業所に所属するケアマネジャーが作成します。そのため、これまで利用していたケアマネジャーや居宅サービスは利用できなくなります。ケアマネジャーとしても、利用者（顧客）を手放すことになるため、このサービスの存在を教えてくれないことも考えられます。地域包括支援センターで所在地を聞き、詳細は直接問い

合わせましょう。

　宿泊費・食事代は別途必要になりますが、1か月あたりの利用料は回数・時間にかかわらず、要介護度ごとに決められた**定額料金**となります。十分利用すれば割安ですが、**あまり使わなければ割高**に。数は多くありませんが、在宅での看取り支援に加え、医療依存度の高い人や退院直後で状態が不安定な人が利用できる**看護小規模多機能型居宅介護**もあります。

小規模多機能型居宅介護施設の特徴

利用者の選択に応じて、施設への「通い」を中心に、短期間の「宿泊」や利用者の自宅への「訪問」を組み合わせて利用

介護保険	「小規模多機能型居宅介護」を利用
費用	比較的低コスト
要介護度	要支援1以上
認知症対応	対応あり
看取り対応	対応不可のところが多い
介護・看護職員	3：1以上（夜間は2名以上）
居室	・原則、宿泊室の定員は1名（プライバシーが保たれる場合は2名） ・宿泊室は7.43㎡以上
住民登録の有無	住民登録者のみ入居できる
申し込み	直接施設へ

「通い」「宿泊」「訪問」のどのサービスを利用しても、いつも顔なじみの職員がケアを行います。柔軟な泊まりの利用が可能となっており、中には長期宿泊をしている利用者もいます

87

12 さまざまな高齢者向けの住まい

自治体ごとに状況は異なりますが、高齢者に配慮したさまざまな施設や住宅は他にもあります。

■ 公営住宅の一部を高齢者が暮らしやすいスペースに

　ここまで紹介した施設以外にも、高齢者のためのさまざまな住まいがあります。

　例えば、高齢者の一人暮らしや夫婦世帯が安心して暮らせるように配慮して提供されている公的な賃貸住宅に**シルバーハウジング**があります。日常の生活指導、安否確認、緊急時における連絡などのサービスを提供する生活援助員（LSA：ライフサポートアドバイザー）を配置していることが特徴です。既存の公営住宅や**UR賃貸住宅**の一部を改修して設置していることが多く、高齢者だけでなく敷地内には多世代が暮らしています。月々かかる費用は、入居世帯の所得金額によって変わります。

■ 分譲シニアマンションやホームホスピスも

　一方、富裕層向けに分譲販売されているバリアフリータイプの**高齢者マンション**があります。有料老人ホームの分譲型をイメージするとわかりやすいのではないでしょうか。広い居室に豪華な共用スペース、コンシェルジュサービスなどがあり、提携する事業者から介護サービスの提供を受けることができます。所有権が得られるので、資産となり売買・相続の対象となります。

　その他、一人暮らしのお年寄りや老夫婦などが、気の合った仲間と助け合いながら共同生活を送る**グループリビング**という住み方もあります。

さらに人生の最期を家庭的な雰囲気で過ごす**ホームホスピス**。これは在宅でもなく、施設・病院でもない民間のケア付き共同住宅です。NPOなどが空き家を活用して運営し、自宅に近い雰囲気の中で、きめ細かい介護と医療的なケアを提供しています。死期が近づいても、病院に搬送せずに看取ります。

シルバーハウジングプロジェクトとは

国の住宅施策と福祉施策の連携した高齢者世帯向けの公的賃貸住宅の供給事業です。

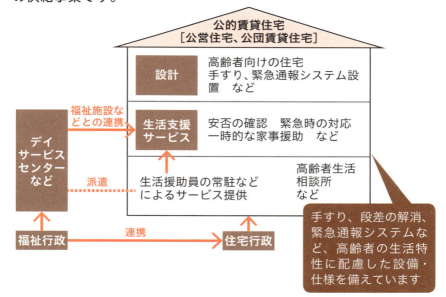

生活援助員 (LSA：ライフサポートアドバイザー)	必要に応じて日常の生活指導、安否確認、緊急時における連絡などのサービスを提供する者
入居対象者	高齢者単身世帯（60歳以上）
	高齢者夫婦世帯（夫婦のいずれか一方が60歳以上であれば可）
	高齢者（60歳以上）のみからなる世帯
	障害者単身世帯または障害者とその配偶者からなる世帯など

出典：「シルバーハウジング LSA」高齢者住宅財団より作成

コラム④

「仕事付き高齢者向け住宅」って何？

　入居者が「仕事」を行う、という取り組みを進める高齢者施設や住宅が、少しずつではありますが増えています。

　もともと料理人だった入居者が施設の食堂を手伝ったり、美容師だった入居者がヘアカットを行ったり……。施設に併設する駄菓子屋の店番を入居者が担当するところもあります。報酬は現金で支払われるところ、施設内でのみ使用できる金券で受け取るところなどがあるようです。

　自立の高齢者だけでなく、要介護度の認定を受けている高齢者にも、生活の場では無理なくできる作業があるはずです。そもそも、認知症対応型のグループホームでは、入居者が生活上の家事全般を職員と一緒に行います。対価は発生しないものの、「家事を行うこと」が認知症のリハビリにもなり、症状の進行を遅らせることができるといわれています。

　実際、グループホームに見学に行くと、入居者が自宅にいるような雰囲気で掃除や料理をしたり、洗濯物を畳んだりしている様子を見ることがあります。役割を担うことにより生活に張り合いが出るというのは、高齢になっても、身体機能が衰えても、共通することなのでしょう。

　経済産業省が実施する平成30年度「健康寿命延伸産業創出推進事業」において、「仕事付き高齢者向け住宅（仮称）」のモデルの1つとして、高齢者住宅の入居者が農業や施設内業務などの「仕事」を実施する事業を採択しています。介護付き有料老人ホームの入居者が、野菜の生産・販売や、施設内での洗濯などの軽作業を「仕事」として行うもので、対価が支払われます。「仕事」を通じて、認知症や要介護状態になることを予防し、またはその進行を抑制するとともに、「役割」を設けることで生活を豊かにすることを目指します。

chapter 4

施設にかかる
お金を確認する

親に施設入居してもらうためには、お金が必要です。入居時に必要なお金、月々必要なお金など、その内容をしっかり把握しましょう。
後から「こんなはずでは……」とならないように、資金計画を立てておくことが大切です。

01 施設入居のための「親の資金」を把握しよう

施設入居の資金計画を立てるためには、「親のお金事情」を知ることが不可欠です。

まずは親の「月々の手取り」と「蓄え」を確認

親の入居する施設を探すとき、早い段階で行わなければならないことがあります。それは、**親の蓄え**、そして**月々の収入**を知ることです。

2017年の総務省の家計調査によると、夫65歳以上、妻60歳以上の夫婦のみの無職世帯の1か月の収入は21万円弱です。そのうち公的年金などの社会保障給付が9割以上を占めています。実収入から税金や社会保険料などを引いた手取り収入は約18万1,000円です。一方、消費支出は23万6,000円と、手取り収入よりも毎月5万5,000円多くなっています。この差額分は金融資産の取り崩しなどで賄われています。

入居一時金は蓄えから、月々の費用は年金から

平均値を眺めていても仕方ありません。**自分の親のお金事情を知る**ために、直接親に資産状況を聞いてみましょう。確認すべきことは右の図にまとめています。親子とはいえ聞きにくいことではありますが、これをしなければ**施設探しのスタート地点**にも立てません。

通常、入居一時金などのまとまった資金が必要な場合は、蓄えから支払います。月々の支払いは年金などの収入から。月々の支払い分が不足する場合は蓄えを取り崩すか、子が支援することになります。

親に蓄えがなく、年金もごくわずか、子からの支援も難しいといったケースでは、無い袖は振れません。軽減策のある福祉施設が選択肢となります。

親のお金事情を知っておこう

親の月々の収入額	
公的年金	¥
個人年金	¥
給与収入	¥
家族の援助	¥
その他の収入	¥
合計金額	¥

月々に必要な料金
はコチラから

親の総資産額	
不動産（自宅など）	¥
預貯金	¥
生命保険など	¥
△ローンや負債など	¥
合計金額	¥

入居時に必要な料
金はコチラから

親のお金事情のたずね方

- 「老後の暮らしをよりよいものにするために、今後の資金計画を一緒に考えよう」とダイレクトに聞く

- 「幼馴染の○○のお母さん、施設に入られたらしいよ」などと知り合いの話から、自分たち親子の話にすり寄せていく

普段から親子のコミュニケーションができていないと、「お金」の話はしづらいもの。「対話」を心がけましょう

02 「入居から亡くなるまで」の資金計画の立て方

予定外の出費にも対応できるように、ギリギリではなく、ゆとりのある資金計画を立てる必要があります。

■「100歳まで生きる」と想定して計画を立てる

　施設入居にかかる費用を親の蓄えから支払うと想定した場合、どのように計算すればいいのでしょう。

　例えば、入居一時金が200万円必要な施設とします。右の図は1,000万円の貯蓄があるAさん（80歳）のケースです。蓄えから入居一時金200万円を支払うと、残りは800万円。緊急時の出費のための「予備費」を200万円とすると、残りは600万円になります。

　100歳まで生きると想定すると、年間30万円、月額にすると2万5,000円を使うことができます。Aさんの年金が10万円（月額）とするなら、日常生活費や小遣いなどを含め12万5,000円（月額）まで支払えることになります。

　予備費についてはさまざまな考え方があります。ここでは、10年で100万円と計算しました。20年で200万円。**民間の医療保険への加入の有無**などにもよりますが、これくらいは確保しておきたいものです。

■ 予備費を「実家の売却」で賄う場合

　予備費を現金で賄うことが難しい場合に、「どうしようもなくなったら、親の家を売却します」という声も聞きます。確かに一案でしょう。

　ただ、実家の売却となれば、相続もからむので親本人の意向、きょうだいとの意見調整など容易ではありません。もし不動産の名義人である親が認知症などで判断力がなくなっていたなら、本人が売買契約などを

行えないので、家庭裁判所に**成年後見人選任の申し立て**などを行う必要が生じるでしょう（P196）。しかし、成年後見人が選任されても、裁判所より「不動産の処分」が認められるとは限りません。

　こうしたことも考え合わせると、実家の売却については「どうしようもなくなったら」ではなく「施設選びの段階から」検討するべきでしょう。売るタイミングによって生じる税金額も違います。空き家にしておいても固定資産税があり、マンションなら管理費の支払いも発生します。

　何らかの事情で施設から退去することになった場合に、親の行き場をどうするかなども含めて、慎重な判断が求められます。

入居から亡くなるまでの資金計画の考え方

Aさん（80歳）の例　　貯蓄1,000万円／年金（月額）10万円

入居一時金 200万円の施設を選んだ場合
1,000万円（貯蓄）− 200万円（入居一時金）= **800万円**

予備費（入院などによる突発的な出費）は
800万円 − 200万円（予備費）= **600万円**

100歳まで生きると考えると
600万円 ÷ 20年間 = 30万円（1年間に使える費用）
30万円 ÷ 12か月 = **2万5,000円**（1か月に使える費用）

> 計算する場合は「100歳」まで生きると考えましょう。「105歳」と想定するとより安心です！

年金を合わせると月々に使える金額は……
2万5,000円 + 年金（月額）10万円 = **12万5,000円**

03 子が親への経済的支援を検討するときの注意点

親に経済的な支援をする場合は、自身の生活設計も練った上で、ムリのない範囲を心がけましょう。

子もいずれは年金生活になることを認識

親の貯蓄や年金が十分でない場合、子が足りない分を支援しようとするケースもあります。しかし、現在は働いていて十分な収入があるとしても、**子にも老後が迫っている**ことを認識すべきです。遠くない将来、定年が訪れ年金生活が待っています。自分の年金額などもシミュレーションしながら考えましょう。

親が100歳になれば多くの子は70代、親が110歳まで生きれば80代です。自身も介護される側になるかもしれませんし、それどころか先に亡くなることだってあり得ます。そうなれば、次の世代に大きな負担を背負わせることになりかねません。支援する場合は、**自身の生活設計**も練った上で「**できる範囲**」で行うことが重要です。

実際、施設に入った後にお金が払えなくなり、さらなる住み替えを強いられるケースもあるので、慎重に検討する必要があります。

一時的に「避難」して、冷静に判断

特に、親の介護が相当大変で、共倒れ寸前のケースなどでは、「お金のことは、後から考えよう」と情報収集や検討が不十分なまま入居契約をしてしまいたくなることがあります。しかし、お金のことを、安易に「何とかなる」と考えるのは危険です。

例えば、担当のケアマネジャーに「もうムリ」と訴え、在宅のままショートステイを連続30日利用する、あるいは老人保健施設に3か月間入居

してもらうなど、とりあえず介護者の**疲れを癒して冷静になった状態で判断**する方法もあります。

　中には、親の経済状況がひっ迫しているケースもあるでしょう。そのような場合は、親の**生活保護を申請**することも一案です。施設の月額利用料を生活保護の「生活扶助」「住宅扶助」で賄える可能性があり、「介護扶助」も利用できます。すでに、生活保護を受給している親であれば、担当のケースワーカーに相談してみましょう。実際、下の表の通り、生活保護で民間の高齢者施設に入居している人は大勢います。

生活保護受給者が入居している民間施設（東京都の場合）

（2014年9月1日時点）

入居者数計	有料老人ホーム	サービス付き高齢者向け住宅	その他
5,140人	2,485人	1,812人	843人

出典：「平成26年度 生活保護受給者の有料老人ホーム等の利用実態調査」東京都福祉保健局

死亡以外の施設からの退去理由

介護付き有料老人ホーム	住宅型有料老人ホーム	サービス付き高齢者向け住宅
① 医療的ケアニーズの高まり	① 医療的ケアニーズの高まり	① 医療的ケアニーズの高まり
② 経済的な理由による負担継続困難	② 要介護状態の進行による身体状況の悪化	② 要介護状態の進行による身体状況の悪化
③ 要介護状態の進行による身体状況の悪化	③ 経済的な理由による負担継続困難	③ 認知症の進行による周辺症状の悪化
④ 心身の状態の回復にともなう自宅復帰	④ 認知症の進行による周辺症状の悪化	④ 経済的な理由による負担継続困難
⑤ 家族・親族との関係再構築、同居開始等	⑤ 心身の状態の回復にともなう自宅復帰	⑤ 集団生活が困難（他入居者とのトラブル多発、かかわり拒否等）

出典：「平成25年度有料老人ホーム・サービス付き高齢者向け住宅に関する実態調査」
　　　全国有料老人ホーム協会

04 介護保険を賢く利用して出費を抑えよう

もし親が支援や介護が必要な状態なのに介護保険の認定を受けていない場合は、すぐに申請を行いましょう。

■ まずは要介護認定を受ける

親の施設入居を検討する際、「**親は介護認定を受けているか？**」を確認することが大切です。介護保険で入れる**介護保険施設**はもちろんのこと、それ以外の施設に入居する際にも、介護が必要であれば介護保険の「特定施設入居者生活介護」や「居宅サービス」を利用できることになります。

介護保険の認定結果は、「要支援1・2」から「要介護1〜5」までの7段階および「非該当」に分かれており、それぞれの**要介護度に応じてサービスを利用**できます。介護保険の申請についてわからないことがあれば、親の暮らす住所地を管轄する地域包括支援センター（P36）で相談するといいでしょう。申請もサポートしてくれます。

■ 支払いは1割または2割、3割

介護保険では右の図のように要介護度ごとに1か月間に利用できる**サービスの上限額（限度額）**が決められています。事業所への支払いは、利用料の**1割または2割、3割**です。限度額を超えて利用した分は、全額自己負担になるので注意が必要です。

負担割合は所得によって決まります。毎年7月頃、自治体から要介護認定を受けた人に「**介護保険負担割合証**」が送られてくるので確認してください。本人の合計所得金額が160万円以上なら2割負担となり、その中でも高所得の人は3割負担です。ただし、65歳以上の人が2人以上いる世帯では、合計所得金額が346万円未満の場合は1割負担です。

要介護度区分別　身体の状態（目安）

軽度	要支援1	日常生活能力は基本的にあるが、要介護状態とならないように一部支援が必要
軽度	要支援2	立ち上がりや歩行が不安定。排せつ、入浴などで一部介助が必要だが、身体の状態の維持または改善の可能性がある
軽度	要介護1	立ち上がりや歩行が不安定。排せつ、入浴などで一部介助が必要
中度	要介護2	起き上がりが自力では困難。排せつ、入浴などで一部または全介助が必要
中度	要介護3	起き上がり、寝返りが自力ではできない。排せつ、入浴、衣服の着脱などで全介助が必要
重度	要介護4	日常生活能力の低下が見られ、排せつ、入浴、衣服の着脱など多くの行為で全介助が必要
最重度	要介護5	介護なしには日常生活を営むことがほぼ不可能な状態。意思伝達も困難

サービスの月額利用限度額（1割負担の場合）

区分	認定区分	区分支給限度額	自己負担額 （1割）
予防給付 （予防サービス）	要支援1	50,030円	5,003円
予防給付 （予防サービス）	要支援2	104,730円	10,473円
介護給付 （介護サービス）	要介護1	166,920円	16,692円
介護給付 （介護サービス）	要介護2	196,160円	19,616円
介護給付 （介護サービス）	要介護3	269,310円	26,931円
介護給付 （介護サービス）	要介護4	308,060円	30,806円
介護給付 （介護サービス）	要介護5	360,650円	36,065円

※介護保険は1単位＝10円換算（以下のページ同）

単位：介護保険のサービス利用料は「金額」ではなく「単位」で表され、「1単位＝10円」が基本になっている。

05 特養、老健、医療院、療養病床でかかる費用の内容は？

介護保険で入れる4つの施設の利用料は？ 食費や居住費も制度で決められています。

■ 一時金がなく、わかりやすい料金体系

介護保険施設（特別養護老人ホーム（特養）、老人保健施設（老健）、介護医療院、介護療養型医療施設（療養病床））に入居した場合、どのような費用が発生するのでしょうか。

まず、入居一時金は必要ないので**初期費用は0円**です。入居後に月額費用として生活費（居住費・食費）と要介護度別に定められた介護サービス費の1割または2割、3割を支払うことになります。居住費や食費の額も制度で決められており、ほぼ日本全国で同一の**わかりやすい料金体系**だといえるでしょう。

居室の種類によって料金が異なり、例えば特養の多床室（相部屋）と個室だと右の表のようになります。この他に、医療費や理美容代などの**実費**の支払いもあります。老健や介護医療院、療養病床はもう少し高めで、さらにその性質上、医療にかかわる「**加算**」（リハビリテーション実施加算、経口維持加算など）が多くなる傾向があります。

■ 介護保険施設には負担の軽減制度がある

具体的に料金を見てみると、安いといわれる特養でも、個室であれば月額12万円以上かかります。「うちの親は国民年金。これじゃあムリ……」という悲鳴が聞こえてきそうです。

3章で述べた通り、介護保険施設やケアハウスは、弱者救済の使命があり、困っている人を優先して助けていくという責務を背負っています。

そのため、所得に応じて**費用が軽減される制度**があるので、国民年金のみ受給している親でも支払うことができるようになっています。詳細は、P116で説明します。

介護保険施設でかかる費用

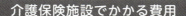

居住費 ＋ 食費 ＋ 施設サービス費用の1割または2割、3割 ＋ 日常生活費（医療費、理美容代、日常生活雑貨代など）

特養でかかる費用の目安（1割負担の場合）

特養多床室（相部屋）の月額利用料

居住費	25,200円（840円／日）		
食費	41,400円（1,380円／日）		
介護サービス利用料（介護保険1割負担）	要介護3	要介護4	要介護5
	20,850円（695円／日）	22,890円（763円／日）	24,870円（829円／日）
利用料合計	87,450円	89,490円	91,470円

特養ユニット型個室の月額利用料

居住費	59,100円（1,970円／日）		
食費	41,400円（1,380円／日）		
介護サービス利用料（介護保険1割負担）	要介護3	要介護4	要介護5
	23,280円（776円／日）	25,290円（843円／日）	27,300円（910円／日）
利用料合計	123,780円	125,790円	127,800円

※月額は30日で計算

06

有料老人ホームでかかる費用の内容は？

介護保険施設と比べると、有料老人ホームの料金体系は複雑なので、内容をより慎重に精査しましょう。

■ 原則として入居一時金が必要

　民間施設は、前項の介護保険施設に比べると、入居者の費用負担は大きくなりがちです。

　中でも有料老人ホームは、通常、「**入居一時金**」が必要です。そして、そのことにより料金体系が複雑なものとなっています。入居一時金については後のページで詳しく説明しますが、ざっくり言うと「入居後の一定期間の居住費を前払いするもの」です。その額は**0円から1億円超まで**、施設によってさまざまです。入居時の年齢で金額設定を分けているところもあります。最近は0円のところも増えていますが、そうなると当然、月々の料金は高くなります。

■ 手厚い人員配置だと、介護保険だけでは賄えない

　「居住費」は一般的な住宅と同様、立地条件などで差があります。「食費」も介護保険施設に比べて高めのところが多いでしょう。

　介護付き有料老人ホームでも、「介護」は介護保険を利用して施設の職員からサービスを受けられるのですが、法定の基準よりも手厚く人員を配置しているところもあり、そうなると別途料金がかかります。これは「**上乗せ介護サービス費**」と呼ばれています。

　さらに、定められた以上のサービスを利用すると、「**オプション料金**」が発生します。例えば、入浴が週に3回と決まっているのに、4回を希望するとオプションになります。その他にも、規定回数以上の病院への

付き添いや買い物代行などにも料金が生じます（介護保険施設でも料金が生じるケースはある）。

　介護保険で「自立」に該当する親が介護付き有料老人ホームに入ると、「**自立支援費**」などの名目の介護費が発生することもあります。提供されるサービスが介護保険でカバーされないためです。そのため、「要支援」認定の利用者よりも高額になるケースもあります。

　また、介護保険施設にはない「**管理費**」という項目があります。一般的な賃貸住宅では共用部分の維持・管理の費用を指しますが、有料老人ホームではそれらに加え、事務やサービス提供のための人件費が含まれます。豪華な共用空間の維持費の上に人件費が加わると、管理費だけで1か月20万円超のところも珍しくありません。その他、医療費や理美容代なども必要です。

　特定施設に指定されている介護型のサービス付き高齢者向け住宅も、入居一時金は不要ですが、介護費などの考え方はほぼ同じです。

介護付き有料老人ホームに住み替える場合にかかる費用の一例

- **上乗せ介護サービス費**：指定基準の「要介護者3名に対して介護・看護職員1名以上」よりも手厚い配置の場合に発生する人件費。
- **横出し介護サービス費**：規定回数以上の病院への付き添いや買い物代行など、オプションの生活支援サービスの費用。

07 サ高住でかかる費用の内容は？

入居一時金が不要なのは魅力ですが、一部を除き介護費用は別途必要。パッと見の安さに惑わされないようにしましょう。

■ 敷金、家賃、サービス利用料を支払う

　サービス付き高齢者向け住宅（サ高住）の多くは一般的な**賃貸住宅と似た料金体系**で、立地などの条件によりその額は大きな違いがあります。

　ただし、事業者が入居者から受け取ることができる金銭は、「敷金」「家賃」「サービスの対価」のみで、権利金、礼金、更新料の徴収は禁止されています。支払い方法は原則、「**月払い方式**」です（一部、「入居一時金方式」を選べるところもある）。

　「サービスの対価」ですが、サ高住には必ず**生活相談と見守りサービス**が付いています。その他提供される**サービス内容は個別に違い**があるので、当然料金も異なります。8割以上のサ高住で食事の提供も行っていますが、利用するなら「食費」の支払いも発生します。個別契約で居室の掃除や病院への付き添いなどのオプションを用意しているところもあります。

■ 介護費用は「特定施設」の指定の有無で異なる

　「特定施設」の指定を受けていないサ高住は、介護サービスは付いていないので、「介護費用」は別途契約した介護事業者に支払うことになります。保険内の場合は1割または2割、3割の自己負担です。

　「特定施設」の指定を受けているサ高住であれば24時間体制で職員が介護してくれますが、指定を受けていないサ高住は、頼んだ時間のみケアがなされることになります。この違いを理解しておかないと、「**何も**

してくれない！」と憤慨したり、オプションの追加で**料金が増大**したりすることになります。

　繰り返しますが、提供されるサービスの内容は物件によって千差万別です。入居を検討する際には、**「特定施設」の指定の有無**、生活支援サービスの料金と内容、オプションなどをしっかり確認してください。

介護が必要な状態でサ高住に住み替える場合の費用の一例

入居するときに必要な費用

- 敷金

　通常の賃貸住宅と同様、未払いなどに備える保証金で、家賃の2か月分ほど

　サ高住では、「権利金」「礼金」「更新料」は受け取ってはいけないことになっています

毎月サ高住に支払う費用

- 居住費
  - 家賃
  - 水道光熱費
  - 共益費（管理費）
- 生活支援サービス費
  - 基本サービス費
  - 食費
- オプションの生活支援サービス費

　建物内清掃費、共用部分光熱費など

　生活相談・見守りなど、もともと備わったサービスにかかる費用

その他の費用

- 介護・衛生用品代
- 介護サービス費
- 上乗せ介護サービス費（保険適用外）
- 医療費
- 日常生活品代
- お小遣い　　　　　　など

毎月かかる費用

※一部、将来の家賃などを前払いする「前払い方式（一時金）」を選べるところもある。

④ 施設にかかるお金を確認する

08 小規模多機能でかかる費用の内容は？

サービスを何回利用しても定額なのはうれしいポイント。ただし、宿泊費などは別途必要です。

■ サービスにかかる費用は月ごとの定額制

　小規模多機能居宅介護施設（小規模多機能）は、**介護保険の地域密着型サービス（住民票のある人だけが利用できるサービス）**として利用します。利用料は介護度に応じて月ごとの**定額制**になっており、何回サービスを利用してもふくれあがる心配はありません。例えば、毎日サービスを利用したとしても、介護にかかる費用は右上の表の通りです（介護保険の1割の場合。所得によっては2割、3割分）。

　ただし、食事の費用やおむつ代、その他日常生活にかかる費用、泊まる場合には宿泊費が別途必要になります。右下の表は、小規模多機能での介護サービス以外にかかる費用例です。料金は施設ごとに違うので、事前に確認しましょう。

■ サービスをあまり利用しない場合は割高に

　中には、有料老人ホームやサービス付き高齢者向け住宅などの住宅型施設に小規模多機能を併設しているところもあります（P160）。そうしたところでは、介護にかかる料金はもう少し安く設定されています。

　小規模多機能の場合、自宅に住まいながら、あるいは住宅型施設に住まいながら、**定額で必要なサービスを必要な時間に利用できる**メリットは大きいといえます。緊急時にも臨機応変に対応してくれます。

　しかし、定額なので、**サービスをあまり利用しない場合は割高感**があるでしょう。小規模多機能は少人数での運営なので、職員や他の利用者

との折り合いが悪くなったときの難しさなどもあるかもしれません。

小規模多機能居宅介護施設の料金（1割負担の場合）

要支援1・2の場合

要介護度	1割負担額／月
要支援1	3,403円
要支援2	6,877円

要介護1〜5の場合

要介護度	1割負担額／月
要介護1	10,320円
要介護2	15,167円
要介護3	22,062円
要介護4	24,350円
要介護5	26,849円

※同じ建物、または隣接する敷地内の建物（有料老人ホーム、サービス付き高齢者向け住宅などに）に居住する方が利用する場合は、もう少し安くなる。
※各種加算がある場合がある。

小規模多機能の自己負担料金の一例（介護費用以外）

	通い（900円／日）	宿泊（3,650円／日）
食費	昼食 600円 朝食・夕食を希望する場合は、宿泊と同じ料金	朝食 350円 昼食 600円 夕食 600円
宿泊費	―	1,500円／泊
生活費	日用品費　　150円／日 教養娯楽費 150円／日	日用品費　　150円／日 教養娯楽費 150円／日 光熱水費　　300円／日

おむつ代	紙おむつ 150円／枚
理美容代	実費

09 入居一時金を支払う場合の損得の考え方

入居一時金のある施設を検討する際には、必ず「初期償却率」と「償却期間」を確認しましょう。

■ そもそも「入居一時金」とは？

　ここまで度々出てきた「**入居一時金**」という言葉について、少し詳しく説明しましょう。入居一時金とは、有料老人ホームなどに入居する際に、月額利用料とは別に、**入居時に施設に支払う費用**のことで、最近は「**前払い金**」というようになってきました。ケアハウス、一部グループホームやサービス付き高齢者向け住宅でも設定しているところがあります。その内容は、**家賃とサービス対価の前払い**です（権利金や礼金は認められていない）。民間運営なので、金額はさまざまです。

　入居時の**年齢によって額を変えている**ところも多く、通常、「若い」と余命が長い（入居期間が長くなる）分、高くなります。

■ 早く亡くなると損、長生きすると得

　通常、右の図のように入居時に入居一時金の一部が初期償却され、残りの金額が償却期間を通じて少しずつ償却されていきます。**初期償却率は20～40％、償却期間は5～7年**くらいのところが多くなっています。償却年数が残っている途中で入居者が死亡、退去した場合は、未償却金が返還されることになります。

　「一時金方式と月払い方式ではどちらが得か？」とよく聞かれますが、一時金方式ではクーリングオフ期間を過ぎると初期償却分は戻ってこないので、**早々に亡くなると損**ですが、償却期間を超えて長生きしても追加徴収されることはないので、**長生きすると得**という面が否めません。

都道府県によっては、初期償却は好ましくないとの方針を打ち出しており、初期償却金額は0円で均等償却をする施設もあります。また、施設側は、前払い金を受け取るときには、算定した根拠や返還金の計算方法を書面で提示する義務があります。

入居一時金とは

「前払い金」「入居費」「初期費用」と呼ぶこともあります。

- 生涯、その施設に居住することを前提に、想定居住期間の家賃を入居時に一括して支払う方法
- 想定居住期間を超えても追加の支払いはない
- 期間内に退去（死亡を含む）する場合は、入居契約書に基づいた計算式により未償却分（契約終了日から償却期間満了日までの期間）は返還

入居一時金の返還についての考え方

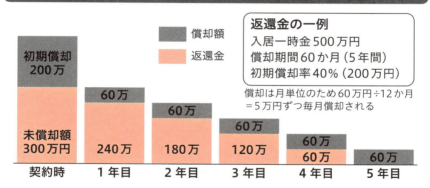

返還金の一例
入居一時金 500万円
償却期間 60か月（5年間）
初期償却率 40%（200万円）

償却は月単位のため60万円÷12か月＝5万円ずつ毎月償却される

この条件で2年10か月で退去した場合

500万円×(1−40%)×(5年間−2年10か月)÷5年間＝**130万円**

返還金の算出方法 ※施設により算出方法は違います。

返還金 ＝ 入居一時金×(100%(1)−初期償却率)
　　　　×(償却期間−入居月数)÷償却期間

10 民間施設で月額利用料の他にかかる費用とは?

民間の施設では月額利用料に加えて、さまざまな追加料金がかかることを理解しておきましょう。

■ 支払う「介護費」以上のサービスを望めば追加料金

　介護保険施設(P67)では、**おむつ代**や**食事用エプロン**、飲み込みやすくする「**とろみ剤**」など、細かなものまで介護費として月額利用料に含まれています。原則として**通院同行**も介護費に含まれていますが、遠方の医療機関へ通院する場合は、交通費について実費相当を支払います（近場であれば不要）。

　一方、民間施設となると様相は変わってきます。右下の表は、介護付き有料老人ホームが設定しているオプションの一例です。おむつ代は原則有料。持ち込みができる場合も**廃棄料金**がかかることがあります。通院介助も、原則として有料です。買い物代行なども柔軟に対応してもらえたとしても、規定回数を超えると費用がかかります。また、P103で説明したように、「自立」の親が「介護付き」に入居した場合、**自立支援費**などの料金が発生するケースもあります。

　「住宅型」の施設であれば、サービスを利用したいときには、別途介護サービス事業者と契約することはすでに説明した通りです。通院などはもちろん、一人で食堂まで行けなくなるなど、建物内での移動が難しくなっても、**別途料金**が生じる場合もあるので注意しましょう。

■ 入院すれば二重の支払いに

　入居中に入院した場合には、通常、特別養護老人ホームなどでは「**居住費**」、民間施設では「**食費以外**」を**継続して支払う**必要があります。民

間施設の中には、入院中の洗濯物などの世話を行うところもありますが、いずれにせよ入院費用と施設費用が二重にかかる厳しい状況となります。こうしたことも想定して、「**予備費**」(P94)が必要となるわけです。

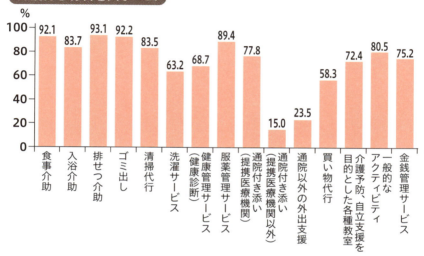

生活支援サービス利用料が基本利用料に含まれる割合

介護付き有料老人ホーム

項目	%
食事介助	92.1
入浴介助	83.7
排せつ介助	93.1
ゴミ出し	92.2
清掃代行	83.5
洗濯サービス	63.2
健康管理サービス（健康診断）	68.7
服薬管理サービス	89.4
通院付き添い（提携医療機関）	77.8
通院付き添い（提携医療機関以外）	15.0
通院以外の外出支援	23.5
買い物代行	58.3
介護予防、自立支援を目的とした各種教室	72.4
一般的なアクティビティ	80.5
金銭管理サービス	75.2

出典：「平成25年度有料老人ホーム・サービス付き高齢者向け住宅に関する実態調査」 全国有料老人ホーム協会

介護付き有料老人ホームでのオプション料金の一例

週4回以上の入浴介助（週3回はサービス内）	1回　2,000円
通院介助※入退院含む（協力病院は無料）	1時間　2,000円
個別外出	1時間　1,600円
週2回以上の買い物代行	1回　1,200円
月2回以上の役所手続き代行	1時間　1,200円
おむつ代	1日　900円（使用した日のみ）
理美容代	実費

11 結局、親の施設入居にはいくらかかる？

かかる料金はまちまちです。「いくら、かかるか？」ではなく、「いくら、かけられるか？」を考えましょう。

■「いくら、かかるか」ではなく「いくら、かけられるか」

「で、結局いくら必要なの？」という声が聞こえてきそうです。ここまでの説明で、かかる費用は**入居一時金（0～1億円）＋月々必要な料金**（居住費・食費・生活サービス費・介護サービス費）＋**その他費用**（医療費・生活品代・小遣い等）＋**予備費**だと理解いただけたと思います。そして、この各料金は施設ごとに違いがあるため、「施設介護＝○円」とは簡単に言えないこともおわかりいただけたのではないでしょうか。それでもあえて金額を示すとすれば、月額5～40万円くらいが必要です。

在宅介護でもいえることですが、「いくら、かかるか」ではなく、「いくら、かけられるか」という視点で検討していくしかありません。

■ 経済状態により選択肢は変わる

右の表は、各施設でかかる月額利用料の目安です。P93で確認した親の経済状態、そしてP95で計算した額と比較しながら検討しましょう。例えば、親の収入が国民年金のみで、蓄えもあまりないなら「所得による軽減制度」のある施設を選ぶ必要があるでしょう。介護保険施設、もしくはケアハウス、シルバーハウジング。小規模多機能型居宅介護施設も悪くないと思います。介護度が高いのであれば「介護保険施設」か、もしくは在宅のまま小規模多機能を利用するのも一案です。

逆に、経済的にゆとりがある親の場合は選択肢が増えます。ただし、**選択肢が増えると、検討要項が多岐にわたる**ことになります。

高齢者施設にかかる費用の目安

種類	初期費用 （入居一時金や敷金）	月額利用料の 目安	所得による 軽減制度
特別養護老人ホーム	0円	5〜15万円	あり
老人保健施設	0円	6〜17万円	あり
介護医療院／介護療養型医療施設（療養病床）	0円	6〜17万円	あり
住宅型有料老人ホーム	0〜1億円	10〜40万円 ＋介護費	なし
介護付き有料老人ホーム【特定施設】	0〜1億円	10〜40万円	なし
サービス付き高齢者向け住宅	0〜数十万円	8〜20万円 ＋介護費	なし
介護型サービス付き高齢者向け住宅 【特定施設】	0〜数十万円	12〜25万円	なし
グループホーム	0〜100万円	12〜18万円	自治体によりある場合も
ケアハウス	0〜数百万円	8〜20万円 ＋介護費	あり
ケアハウス 【特定施設】	0〜数百万円	10〜30万円	あり
シニアハウジング	0〜数十万円	1〜10万円 ＋介護費	あり
小規模多機能型居宅介護施設	居宅サービスのため不要	介護度に応じて 例：要介護3で 約25,000円 食事代宿泊費別	なし

※多床室（相部屋）は安く、個室は高い設定であることが一般的。

12 「高額費用＝サービスがいい」とは限らない

一般の不動産と同じように、民間施設の料金設定にはさまざまな要素がからんでいます。

■ 立地条件の良し悪しが料金に影響

　前項の表を見ると、同じ種類の施設でも料金に大きな幅があることがわかります。介護保険施設では、介護度の他に、個室か多床室か、さらに所得に応じた軽減措置を受けられるかどうかで違っています。
　一方、民間の施設では、**「立地」「設備」「人件費」**によるところが大きいといえるでしょう。通常の賃貸住宅と同様、立地条件がよければ施設料金も高くなる傾向があります。東京圏は地方に比べて高めで、駅に近いことも高くなる要件です。建物についても、中古の社員寮などをリノベーションしたところは新築に比べて割安だといえます。また、共用スペースの広さや豪華さによっても違いがあります。

■ 看護師は日中のみ？ 夜間も？

　さらに、**人員体制**も要チェック。介護付き有料老人ホームでの国の指定基準は、要介護者3名に対し介護・看護職員1名の「3：1以上」としています。この基準は特別養護老人ホームと同じです。しかし、施設によっては2.5：1、あるいは2：1といったところも珍しくありません。手厚いサービスを提供できる体制になっているところは高くなります。
　また、介護職員よりも看護職員のほうが人件費は高めです。そのため、看護師が日中のみ常駐するところと、24時間体制で常駐するところでは当然ながら後者が高くなります。リハビリに力を入れ、専門職員を配置している施設も費用は高めでしょう。

料金明細もよく見てみましょう。そもそも「管理費」に含まれているものが施設によって異なるケースもあります。光熱費は含まれているでしょうか。別途請求されるところも存在します。比較検討する際には、「**消費者**の視点」で、その裏側を探りましょう。

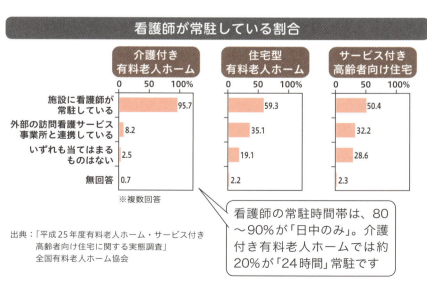

施設の条件と利用料金の関係

高い ←→ 安い
駅に近い / 駅から遠い
都心部 / 周辺地域 / 地方
新築物件 / リノベーション物件
人員配置2:1 / 人員配置2.5:1 / 人員配置3:1
看護師24時間常駐 / 看護師半日常駐 / 看護師不在
共用施設が充実 / 共用施設が少ない

看護師が常駐している割合

介護付き有料老人ホーム
- 施設に看護師が常駐している: 95.7
- 外部の訪問看護サービス事業所と連携している: 8.2
- いずれも当てはまるものはない: 2.5
- 無回答: 0.7

住宅型有料老人ホーム
- 施設に看護師が常駐している: 59.3
- 外部の訪問看護サービス事業所と連携している: 35.1
- いずれも当てはまるものはない: 19.1
- 無回答: 2.2

サービス付き高齢者向け住宅
- 施設に看護師が常駐している: 50.4
- 外部の訪問看護サービス事業所と連携している: 32.2
- いずれも当てはまるものはない: 28.6
- 無回答: 2.3

※複数回答

出典:「平成25年度有料老人ホーム・サービス付き高齢者向け住宅に関する実態調査」全国有料老人ホーム協会

看護師の常駐時間帯は、80～90%が「日中のみ」。介護付き有料老人ホームでは約20%が「24時間」常駐です

④ 施設にかかるお金を確認する

13 介護保険施設には「居住費」「食費」の減額制度がある

所得の低い親が介護保険施設に入居する場合は、「居住費」「食費」の減額制度を見落とさないようにしましょう。

■ 介護保険施設では「居住費」「食費」の一部を支給

　介護保険施設に入居した場合、施設サービス費の1割または2割、3割に加え、「居住費・食費・日常生活費」が自己負担になります。ただし、所得が低い場合でも施設利用が困難とならないよう、「**特定入所者介護サービス費**」という居住費と食費の負担軽減制度があります。実際にかかった負担額と所得によって決められた負担限度額の差額分を市区町村が施設に支払うことにより、利用者の負担を軽減するものです。右の図のような流れで判定されます。

　対象となるのは、特別養護老人ホーム（特養）、老人保健施設、介護医療院、療養病床の入居者とショートステイの利用者です。デイサービスやグループホーム、小規模多機能型居宅介護施設は対象外です。

　所得などにより減額幅は異なりますが、例えば、特養での通常食費は1日1,380円ですが、年金収入が80万円以下で住民税非課税の親であれば1日390円となります。居住費についても、特養の多床室で1日あたり1,150円が420円となります（総額で月いくらになるかはP118参照）。

■ 利用したい場合は役所に申請

　負担額の減額認定を受けるには、役所の介護保険の担当窓口に申請して「**介護保険負担限度額認定証**」の交付を受け、施設利用時に提示します。詳細は、担当のケアマネジャーや地域包括支援センター、役所の介護保険課で相談しましょう。

「介護保険負担限度額認定証」の有効期間は**1年間**。自動的に更新・交付されないので注意が必要です。毎年7月が更新月なので、引き続き認定証が必要な場合は、あらためて**交付申請**をしましょう。

■「世帯分離」が負担軽減につながることも

現在、高齢の親と現役世代の子が同居しているケースでは、子の所得が高いために、親の年金がわずかでも「課税世帯の高齢者」となっている可能性があります。施設に入居する際、親の住民票を施設に移す「**世帯分離**」をすることで、親は「非課税」扱いに変わり、居住費、食費の負担軽減制度を利用できるようになる可能性があります。制度の利用により、本来なら特養に月額料金として10万円程度の支払いが必要だったのに、「5万円程度になった」という声を聞くこともあります。

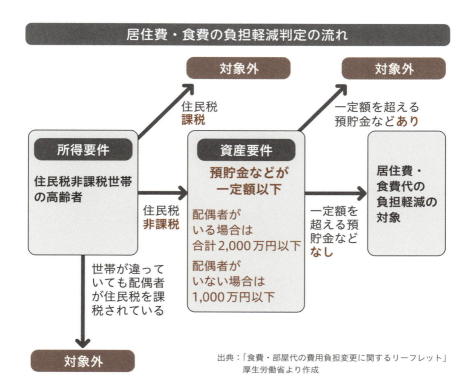

居住費・食費の負担軽減判定の流れ

出典:「食費・部屋代の費用負担変更に関するリーフレット」厚生労働省より作成

14 年金受給額の少ない親 特養の月額利用料はいくら？

介護保険施設は所得により「居住費」「食費」が軽減されると説明しましたが、具体的な金額は？

■ 在宅介護よりも安くなるケースもある

　親の収入が少ないケースでは、「本当に施設に入れるのだろうか」と心配する声をよく聞きます。生活保護を利用している場合は、P97でも説明したように有料老人ホームに入居するケースも珍しくありません。しかし、「生活保護を受けるほどではないけれど、**年金額はとても少ない**」という場合、不安になります。

　Ｂさんの母親（87歳）の収入は月額６万円ほどの国民年金のみです。賃貸アパートで一人暮らしをしていたとき、生活費と医療、介護にかかる費用は年金でやりくりしていましたが、家賃分６万円をＢさんが仕送りしていました。しかし、要介護４となったため、特別養護老人ホームに入居。母親は右ページの①に該当するので、月額利用料は食費、居住費、介護費を含め４万円ほどに。加算金額を含めても年金内で収まるため、Ｂさんはようやく仕送りから解放されました。

■ 同じサービスを受けても支払う金額が１／２以下のケースも

　Ｂさんの母親は①に該当しますが、同じ施設に入居している人でも収入が多くて住民税を支払っているとすれば、その人は軽減されません。Ｂさんの母親と同じ要介護４で、まったく同じサービスを受け、同じ食事を食べても⑪に該当するため、月額10万円ほどとなります。

　不公平のようですが、P66で説明した通り、介護保険施設が「福祉施設」たる所以です。

特養入居で1か月にかかる費用の目安（従来型個室／1割負担の場合）

①　住民税を払っていない世帯の親（年金収入80万円以下（年）など）

	1割負担	高額介護申請（月）	食費（月）	居住費（月）	合計金額（月）
要介護3	21,000円				
要介護4	23,000円	15,000円	390円×30	420円×30	39,300円
要介護5	25,000円				

高額介護サービス費支給制度により、
1割負担の各金額が15,000円に

②　住民税を払っていない世帯の親（上記①以外）

	1割負担	高額介護申請（月）	食費（月）	居住費（月）	合計金額（月）
要介護3	21,000円	21,000円			65,100円
要介護4	23,000円	23,000円	650円×30	820円×30	67,100円
要介護5	25,000円	24,600円			68,700円

高額介護サービス費支給制度により、
1割負担の上限金額が24,600円に

③　上記①・②以外（軽減なし）

	1割負担	高額介護申請（月）	食費（月）	居住費（月）	合計金額（月）
要介護3	21,000円				97,900円
要介護4	23,000円	申請不可	1,380円×30	1,150円×30	99,900円
要介護5	25,000円				101,900円

単身で1,000万円、夫婦で2,000万円の蓄えがあると、
「非課税世帯の親」でも費用の軽減がない

※上記は月額利用料の目安であり、この他に各種加算されるケースがあります

15 親の家を貸し出して施設費用にあてる方法

施設入居の費用が不足する場合、親の家を賃貸にして、その家賃収入を月額の支払いにあてる方法も考えられます。

■ 終身にわたり借上げられる「マイホーム借上げ制度」

　施設入居の費用が不足する場合、親の自宅を売却して資金にあてる方法が考えられます。一方、売るのではなく、**貸し出して賃貸料を得る**という方法もあります。自治体でも空き家登録できる「**空き家バンク**」制度を実施しているところがあります。けれども、貸す場合、親の生存中は永続的に借り手がいなければ費用の捻出が困難になります。

　そんな課題を解決する策として「**マイホーム借上げ制度**」の利用が考えられます。一般社団法人移住・住みかえ支援機構（JTI）が実施する制度でシニア世代（50歳以上）が自宅を貸し出すシステムです。通常の賃貸住宅との違いはJTIが借上げて、一般の人に転貸するもので、**終身にわたって借上げられる**という点です。終身で家賃収入を見込めるので、高齢者施設の月額費用の支払いにあてることもできます。

■ 自分で管理するよりも手取りは低い

　1人目の入居者の決定以降は、空室が発生しても規定の**空室時保証賃料**が支払われます（査定賃料下限の85％が目安）。ただし、当然ながら自分で管理するよりも収入は低くなります。もともと設定賃料が相場よりも10〜20％程度低く抑えられているのに加え、諸経費15％がかかります。

　3年ごとに契約が終了する定期借家契約を活用しているので、賃借人に居座られたり、立ち退き料を請求されたりすることはありません。また、

3年の定期借家契約終了時に戻って住むことも、売却することもできます。

申し込み後、建物診断の実施、補強・改修工事の実施、入居者の募集など、**最終的に2〜3か月**ほどかかるようです。検討する場合は、早めに親の意向を確認しながら準備しましょう。

親の自宅を施設費用に活用する方法

1. 親の自宅を売却して現金化する
2. 親の自宅を賃貸にして現金化する
3. 子が賃貸に暮らしている場合には子が親の自宅に暮らす
   （これまでの子の家賃分を親の施設費用に）

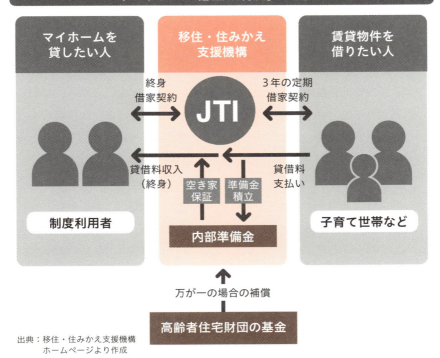

「マイホーム借上げ制度」の流れ

出典：移住・住みかえ支援機構ホームページより作成

コラム⑤

「特養」はお安いんじゃなかったの?

　共働きのCさん夫婦。車で1時間ほどのところに暮らす父親(81歳)は要介護4の認定を受けています。これまで在宅介護をしていましたが、もう限界だとか……。父親の同意を得たので、地元の「特別養護老人ホーム(特養)」に入居申し込みをすることにしました。

　自営業だった父親の所得は、国民年金のみで約6万円(月額)。特養なら父親の年金でもおおむね賄えると考えていたのです。しかし、料金の説明を受けて絶句! 部屋代や食費を含むと13万円ほど必要なのです。

　詳しくたずねると、父親の定期預金が1,000万円以上あるために、食費や部屋代についての軽減が受けられないとのこと。2015年に設けられた制度で、軽減を受けるには役所に本人(この場合は父親)の通帳のコピーを提出する必要もあります。

　「僕はひとりっ子です。将来、父の遺産を引き継ぐことになるので、父にかかる介護費用は僕が負担してきました。こんなことなら、父親の預金から出すようにしておけばよかった……」とCさんは後悔しきりでした。せめて、父親のために使った費用の記録をつけていれば、父親から返金してもらえる可能性もありましたが、Cさんは「いつ、何に使ったか定かでない」と言います。

　親の介護費用や生活費を立て替えた際には、記録し、領収書などを残しておくことが必須ですね。

chapter 5

施設探しから
入居まで
──大切な10のステップ

各施設の内容がわかってきたところで、実際に探して入居するまでの10のステップを確認しましょう。一人で先走らず、親やきょうだいと向き合い、話し合うことが大切です。それぞれの譲れない条件を見定めた上で、一歩ずつ着実に進めましょう。

01 親の施設探し 10のステップ、その流れ

施設探しを始めてから入居に至るまでの、おおまかな流れを確認しましょう。

■ 入居で「課題」を解決できるか？

　施設の内容がだいぶわかってきたところで、入居までの流れをつかんでおきましょう。状況によって前後することはありますが、だいたい右の図のような **10のステップ** で進みます。

　まずは、予行演習から。高齢者向けの施設がどんなところなのかは、インターネットや本の情報だけではつかめません。気軽に見学してみましょう。そして、イメージをつかめたら本格稼働です。そもそも、「なぜ施設を探す必要があるのか？」という原点に戻って考えましょう。それは、言い換えれば現在の「**課題**」のはずです。その「課題」を解決するための機能を備えた施設を選ぶ必要があります。

■ 1つに絞らず、必ず複数の施設を見学

　希望の **優先順位** を考え、予算を立てて、情報収集を行います。効率的に、できるだけ正しい情報を得ることが大切です。

　いくつかの施設に絞り込めたら、親やきょうだいとしっかり意思の確認を行いましょう。そして、いよいよ「見学」です。1つに絞り込むのではなく、必ず **複数の施設** を見に行きましょう。できれば、当事者である **親と一緒** に行くことが望ましいです。

　親も子も「まあまあよさそう」と思えるところがあれば、可能なら体験入居を行います。体験入居で特に問題もなく、納得できれば契約を結び、入居に至ります。

「施設探し」から「入居」までのステップ

予行演習	手近な施設を3つ見学

↓

ステップ1	入居の目的を明確にする

↓

ステップ2	条件の優先順位を決める

↓

ステップ3	予算の目安を立てる

↓

ステップ4	情報収集をする

↓

ステップ5	候補の施設を絞り込む

↓

ステップ6	親・きょうだいと意思の確認をする

↓

ステップ7	実際に見学に行ってみる

↓

ステップ8	体験入居をしてみる

↓

ステップ9	入居先を決定し、契約を結ぶ

↓

ステップ10	いよいよ入居！

5 施設探しから入居まで——大切な10のステップ

02 まずは、施設探しの「予行演習」開始

机上の情報だけで理解するのは難しいです。イメージをつかむために、気軽に見学してみましょう。

■ 子だけで、手近な「施設」を3つ見学する

　本書を読んで施設の種類や特徴をつかめたとしても、机上の情報だけでは「実際にどんなところなのか？」はイメージしにくいと思います。そこで、まずは気軽に**3つほどの施設を見学する**ことをお勧めします。

　散歩途中もしくは通勤途中に見かける施設があれば、そこでもOKです。予行演習なので、親の暮らす地域ではなく、子の生活圏でもいいでしょう。思いつかないなら「調べたい自治体名」×「特別養護老人ホーム／有料老人ホーム／サービス付き高齢者向け住宅」などと入力して、インターネットで検索してみましょう。

　地域の「施設」を一覧に掲載した民間のWEBサイトもあるので、内容を比較検討するには役立ちます。民間のWEBサイトは、主に有料老人ホームやサービス付き高齢者向け住宅を紹介・斡旋する事業者が運営しています。この段階では、「自分の目」で見て感じることが大切なので、情報収集にだけ活用させてもらい、アポイントの電話は直接施設にすることをお勧めします。サービス内容や親の希望などをこと細かに考えだすと、足を踏み出せなくなります。「**施設とは、どんなところか**」を知るためのステップだと割り切りましょう。

■ 罪悪感があるなら「おじ（おば）のための見学」と考える

　見学に行ったら「個人情報を聞かれるのでは？」と心配でしょうか。「親に黙って施設を見に行くのは……」と罪悪感を持つ人もいます。そ

れなら、対象を「親」ではなく、「おじ（おば）」「知り合い」のためと考えてみませんか。「内緒で来た」と言えば、おじ（おば）の名前を聞かれることもありません。通常、見学者の氏名や電話番号は書きますが、しつこく電話勧誘してくるところはあまりありません。もし電話がかかってきても、「事情が変わった」と一言伝えればいいでしょう。

短期間に続けて3つ以上の施設を見学すれば「施設」に対しての実感もわくはずです。また、見学の手順もわかるので、今後、親を連れていく際に、**緊張せず冷静に対応**できます。

予行演習のポイント

3つ以上の施設をピックアップする
近所の施設、インターネットでの検索、広告、民間のWEBサイト等で情報収集を行う

施設には直接、電話をかけて見学のアポをとる
希望の時間帯を聞かれたら、昼食の時間帯がお勧め。「試食」も頼んでみる（P152参照）

深く考えすぎずに気軽にトライ
異なる種類、違う価格帯の施設を見ることも参考になる。深く考えず、気軽に踏み出そう

> まずは どんな施設が あるのかを 知ることが 大切です！

施設に子だけで見学した際に聞かれること

1. 見学者の名前、連絡先
2. 入居予定者の名前、年齢、要介護度、現在利用している介護サービスなど
3. 入居希望日

> 入居予定者の名前などを言いたくない場合は告げなくても大丈夫。「入居希望日」については、「半年くらいのうちに」などざっくり答えましょう

ステップ１
入居の目的を明確にする

03

なぜ、親の入居する施設を探す必要があるのでしょうか。「第一の目的」を明確にすることが重要です。

■「高い、安い」の前に１番の目的を明確に

　施設といえば、「お金がかかる」というイメージが強いため、「高い、安い」と料金のことばかり先行して考えがちです。もちろん、それも外せないポイントですが、「**なぜ、施設なのか？**」、その目的を明確にして検討したいものです。

　右上の表は特別養護老人ホーム（特養）の「入居申し込み理由」ですが、「同居家族による介護が困難になった」「介護する家族がいない」が上位となっています。特養の性格上、「**介護力**」を求めての入居は当然の結果ともいえます。一方、本来身の回りのことができる高齢者を対象とする住宅型有料老人ホームの入居動機も「**介護が必要になったため**」がトップです。サービス付き高齢者向け住宅（サ高住）でも「**一人暮らしが不安になったため**」に次いで「介護が必要になったため」が２位につけています。

　「介護」が目的であれば、介護力のある施設を探す必要があります。その内容が認知症であるなら認知症介護を得意としている施設、医療的処置が必要なら医療体制の充実が欠かせないポイントとなります。

■「大は小を兼ねる」とは限らない

　一方、「一人暮らしの不安」が課題なのであれば、夜間に職員がゼロになるような施設では意味がないでしょう。サ高住の中には、そうしたところもあります。

また、「大は小を兼ねる」とは限りません。自立している親が介護力の高い施設に入って、あれこれ行動を制限されたら、快適とはいえないでしょう。**自立の場合のケア、介護が必要になった際のケア**、その**移行がスムーズかどうか**も確認することが大切です。

施設に入居する理由

■特別養護老人ホームに入居する理由（複数回答）

	人数	割合
同居家族などによる介護が困難になったため	4,446人	55.6%
介護する家族などがいないため	1,588人	19.9%
施設・医療機関から退所・退院する必要があるため	1,321人	16.5%
最期まで看てくれるため	810人	10.1%
現在の居所での認知症への対応が困難なため	584人	7.3%
入居費用が安いため	506人	6.3%
不明	441人	5.5%
その他	395人	4.9%
無回答	329人	4.1%
総数	7,998人	100.0%

出典：「『特別養護老人ホームにおける入所申込の実態に関する調査研究』報告書」平成22年度老人保健健康増進等事業、医療経済研究機構

■住宅型有料老人ホームに入居する理由（複数回答）

■サービス付き高齢者向け住宅に入居する理由（複数回答）

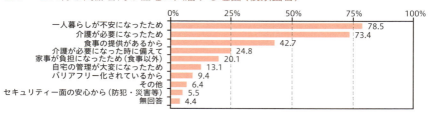

出典：「サービス付き高齢者向け住宅等の実態に関する調査研究」2013年、高齢者住宅財団

ステップ2
条件の優先順位を決める

わかっているようで、わかっていない親の気持ち。対話を重ね、「譲れない条件」を確認しましょう。

■ 迷いどころは「親の近く」か「子の近く」か

　高齢者施設を検討する際には、**譲れない条件**があるものです。条件案を右の表にリストアップしてみました。親と対話しながら、親にとって譲れない条件に◎を、子にとって譲れない条件には○をつけてみましょう。親の判断力が低下している場合は、**親の立場になって想定**してみてください。あくまで例なので、他に条件があれば追加してください。

　例えば立地条件では、親の◎は「現在の生活圏内か、それに近いところ」についたのではないでしょうか？　一方、子は「子の暮らす自宅の近辺」に○でしょうか？　P48でも説明しましたが、立地は重要な確認ポイントといえるので、しっかり話し合う必要があります。きょうだいがいる場合は、きょうだいにも印をつけてもらいましょう。

■ 意外に知らない親のこだわり

　立地のほか、生活面、医療・介護面、交流面などの条件についても、チェックを入れてみてください。この行程を経ることで、親にとって**大切なことは何か**、が見えてくるはずです。例えば、子は「3食提供されたほうが楽でいいだろう」と思っても、親は「できるうちは自炊」にこだわっているかもしれません。

　こうして出てきた◎と○の印によって、候補となる施設の選択肢が絞られていくと思います。その横に**優先度の高いもの**から順位をつけてみましょう。施設選びの参考になるはずです。

親と子それぞれの譲れない条件は？

親にとって譲れない条件には◎、子にとって譲れない条件には○をつけてみましょう。

立地	親	子	優先順位
親の現在の生活圏内か、それに近いところ			
子の暮らす自宅の近辺（子が複数いる場合は、どの子？）			
駅から徒歩圏内である			
その他（　　　　　　　　　　）			

生活	親	子	優先順位
個室であること			
自由に散歩、買い物に出かけることができる			
一人で入れる間は、毎日でも入浴できる			
自室にキッチンがある			
食事の提供を受けることも、自炊することも選択できる			
使い慣れた家具を持ち込むことができる			
ペットを連れていける			
建物が新しく、きれいである			
その他（　　　　　　　　　　　　）			

医療・介護	親	子	優先順位
医師の診療体制が整っている（持病がある場合、それにも対応）			
看護師が常駐している（24時間／日中のみ）			
施設職員から介護サービスを受けることができる			
認知症介護を得意としている			
看取りまで行う			
その他（　　　　　　　　）			

交流	親	子	優先順位
多彩なレクリエーションを用意している			
小規模で職員や入居者との関係性を大切にしている			
大規模で人間関係がサッパリしている			
その他（　　　　　　　　　　　）			

5 施設探しから入居まで──大切な10のステップ

05 ステップ3 予算の目安を立てる

無理な資金計画は将来の大きな負担につながります。長期的なシミュレーションをしておきましょう。

■「貯蓄」「年金額」「予備費」から予算を立てる

　4章で、入居から亡くなるまでの資金計画の立て方を紹介しました。P95のAさん(80歳)のケースでは、**蓄え**は1,000万円でした。入院などの突発時に備えた**予備費**を200万円とし、施設の一時金が200万円のケースで、100歳まで生きると想定した場合に、月々取り崩すことができる金額は2万5,000円となりました。当然のことながら、一時金の額が高くなれば取り崩せる金額は低くなりますし、一時金の額が低くなれば取り崩せる金額は高くなります。

　Aさんの月々に支払える金額は、**収入額によって違って**きます。例えば、Aさんの収入が月額14万円だとすると、月々支払い可能な予算は介護費や生活費込みで16万5,000円となります。

■ 介護保険施設の場合、蓄え1,000万円以上なら注意

　もし、Aさんの年金が国民年金だけで月額6万円だとすると、月々の予算は8万5,000円です。介護保険施設を検討するか、子どもが支援するか……。ただし、P96で説明したように、**無理な支援は長続きしない**ことを忘れてはなりません。

　また、親本人の通帳に1,000万円以上あると、たとえ年金が月々6万円のみで非課税でも、月額費用は軽減されません(P116)。預貯金額が1,000万円を切った段階で安くなる可能性があるので、目先のことだけでなく、**長期的なシミュレーション**をすることが必要です。

■ 父親が先に亡くなると、母親の年金は？

　両親そろっての施設入居を検討する場合、父親が亡くなった後に母親の年金がいくらになるかを想定しておくことも大切です。

　父親が会社員だった場合は、遺族厚生年金があるとはいえ、父親がもらっていた額を丸々もらえるわけではありません。それでもやっていけるでしょうか？　**国民年金なら遺族年金はない**ので、途端に世帯あたりの所得が半分になります。

月々支払い可能な額は一時金の額によって変化する

Aさん（80歳）の例　貯蓄1,000万円／予備費200万円／月額収入14万円

Aさんが100歳まで生きると考えると……

入居一時金200万円の施設を選んだ場合

月々に支払い可能な費用（介護費込み）は**16万5,000円**以内

入居一時金400万円の施設を選んだ場合

月々に支払い可能な費用（介護費込み）は**15万6,667円**以内

入居一時金が低くなれば、
月々の予算は高くなる。
入居一時金が高くなれば、
月々の予算は低くなる

年金を受給している人の平均額
2017年の年金受給額の平均は
「国民年金」が**5万6,000円**、
「厚生年金」が**14万7,000円**でした

出典：「厚生年金保険・国民年金事業の概況」
2018年、厚生労働省年金局

06 ステップ４ 情報収集をする

インターネットや本の情報も役立ちますが、関心を抱いた施設には資料請求しましょう。

■ 行政の公式サイトからも情報収集

　高齢者施設探しの情報源は、大きく分けて３つあります。１つ目は、インターネットや情報誌、新聞のチラシや広告などです。そして２つ目はパンフレットなどの資料。さらに３つ目は民間の紹介センターです。

　まず、インターネットで探したい**自治体の公式サイト**を開いてみましょう。必ず「高齢者向けサービス」について紹介するページがあります。そこには、介護保険で入れる施設やケアハウスなどの一覧が掲載されているはずです。待機者の数を載せている自治体もあります。

　次は**都道府県の公式サイト**へ。管轄の有料老人ホームやサービス付き高齢者向け住宅（サ高住）の一覧を見ることができます。施設ごとの重要事項説明書（P176）をリンクしている都道府県もあります。介護型とサ高住になりますが、厚生労働省の「**介護サービス情報公表システム**」も役立つでしょう。「介護／公表」で検索するとヒットします。

　インターネット検索が苦手なら、役所の高齢福祉課などに行けば**印刷**したものをもらうこともできます。

■ 民間の紹介センターは、施設側から成約料をとる

　行政の公式ページ以外にも、「**希望の自治体名**」×「**老人ホーム**」で検索すると、一覧を載せたWEBサイトが多数ヒットします。これは**民間の紹介センター**が運営するものです。

　WEBサイトには問い合わせの電話番号が書かれており、通常電話し

ても料金は発生しません。一括で資料請求できるところもあります。希望すれば、目ぼしい施設を紹介してくれたり、案内してくれたりします。ほとんどの場合は、**利用者側は無料**でこれらのサービスを使うことができますが、一部、料金が発生するところもあるので確認が必要です。成約した場合は、施設側が料金を支払う仕組みになっています。

　ただし、民間の会社なので、必ずしも中立とはいえません。関係性から紹介料が高い施設があれば、そこを紹介したがるでしょう。利用する場合は、あくまで相手は「**営利事業**」であることを理解した上で使うことをお勧めします。

　WEBサイトから情報を確認して、直接施設に電話してアポイントをとってもいいでしょう。電話応対だけでも、施設の雰囲気を察知できたりします。また、紹介業者に見学に連れて行ってもらうと、業者のフィルターがかかってしまいがちであることも意識しておきましょう。

■ 気になるところは資料請求

　インターネットや情報誌、新聞のチラシで目ぼしい施設を見つけたら資料を請求しましょう。「**重要事項説明書も同封してください**」と言えば、より詳しい情報を得ることができます。詳細については後述しますが、パンフレットに抽象的な言葉が並んでいるのに対して、重要事項説明書には**現実的な数字**が書かれているので、実情を読み解くのに役立ちます。

高齢者施設探しの情報源

1. **インターネット、情報誌、新聞のチラシや広告**
2. **パンフレットなどの資料**
3. **民間の紹介センター**

135

ステップ5
候補の施設を絞り込む

パンフレットに書かれていることだけではなく、重要事項説明書の内容も確認することが大切です。

■ 届いた資料を読み比べる

　取り寄せた資料は、じっくり読み込みましょう。まず、どういう企業・団体が運営している施設なのか、インターネットで**企業・団体名を検索**してみるのもいいでしょう。**高齢者関連とはまったくの異業種**ということもあります。

　また、パンフレットには**経営理念**が書かれています。通常、「安心」とか「安全」といった言葉が並んでいますが、数件の内容を読み比べると違いを感じられる場合もあります。パンフレットと一緒に送られてきた重要事項説明書も併せて読み（読み方はP176）、「安心」とか「安全」という言葉の**裏付け**を確認します。

■ 希望条件と大きな幅がないか確認

　資料の内容が、ステップ2で検討した**諸条件と合致する**かを確認しましょう。立地、生活面でのこだわりは満たされそうでしょうか？　医療・介護面は親のニーズに合っていますか？　さらに、交流面でも親の希望とズレがないか要チェックです。

　ステップ3で導いた**予算内で収まること**も大切なポイントです。記載されている費用の内訳や将来生じるであろう追加料金についても見落とさないように。

　ここまでの作業で、選択肢から外れる施設も出てくるはずです。外れたパンフレットと、「悪くなさそう」とか「見てみたい」と思う施設の資

料を仕分けましょう。**親と一緒に取捨選択**の作業をしたいところですが、難しい場合は子が代行しましょう。

作業中に疑問に思ったことや、もう少し詳しく知りたいことが出てきたら、P139のような「**わが家の施設チェックノート**」を作ってメモしてください。興味のある施設ごとに記しておくと、見学の際に役立ちます。

資料を読み比べるときのポイント

- ☐ 母体は何をしている企業・団体か？
- ☐ 経営理念は？
- ☐ 立地、生活面でのこだわりは満たしている？
- ☐ 医療・介護面は、親のニーズに合っているか？
- ☐ 交流面で、親の希望とズレがないか？
- ☐ 予算内に収まる利用料か？
- ☐ 費用の内訳がどうなっているか？
- ☐ 介護サービスによって追加料金が発生するのか？

疑問や知りたいことは
「わが家の施設チェックノート」にメモ

施設検討の優先順位

①場所 → **②介護内容** → **③費用**

①場所	②介護内容	③費用
親の住む地域か、子の住む地域か、その中間地点か。親にとっては今後の生活拠点、子は頻繁に通う場所になる大事な要素	親が必要とする介護内容か。状況が変わった場合も、同じ施設で暮らせそうか	❶❷の条件を満たし、予算内で入れるか？（親のお金で何年賄えるか。不足したら子が出せるか）

適当な施設が見つからない場合は、「場所」を広げて再検討

⑤ 施設探しから入居まで——大切な10のステップ

ステップ6
親・きょうだいと意思の確認

施設への入居には費用がかかります。家族とのトラブルを避けるためにも情報共有や相談を怠らないでください。

■ 資料を見せて親の意向を確認

　実際に施設に住み替えて、そこで暮らすのは親です。親に判断力がある場合は、できる限り本人の意向を大切にしたいものです。絞り込んだ施設の資料をもとに、**見学の意思があるかを確認**しましょう。

　親子で話し合う中で生まれたさらなる疑問点や知りたいことがあれば、右のような「**わが家の施設チェックノート**」を作って書き込みます。

■ きょうだいとも情報共有

　この段階で、きょうだいと情報の共有ができていない場合は、**できるだけ早く現状を説明**しましょう。親の施設入居を検討しており、親も同意していることを話します。取り寄せた資料も見せて意見を求めましょう。

　なぜなら、施設への住み替えには多額の費用が発生するからです。それは、親が死亡した際に子が相続できる額が減ることを意味します。それどころか、お金が足りなくなれば子が支援しなければならなくなる可能性もあります。相談せずに事を進めると「勝手なことをするから、こんなことになるのだ」と言われるなど、**将来的にトラブルに発展**する場合もあります。トラブルにならなくても、"自分抜き"で話が進むことは「**感じが悪い**」ものです。

　また、情報共有した結果、施設入居に理解を得られないこともあります。その場合は、検討するに至った経緯を丁寧に説明します。それでも反対されたなら、代替案を提示するように求めましょう。

見学時必携「わが家の施設チェックノート」の記入例

◎ = 親の求める条件　○ = 子の求める条件

△△特別養護老人ホーム

見学日×月×日　晴れ

入居一時金0円　月額12万円

よい点

○月額料金が予算より安い
◎○総合病院を併設している
◎公園がそばにあり緑が多い
◎レクリエーションが充実していた

気になったこと

×親の実家から離れている
×駅から遠い（20分以上かかる）
×一部入居者に笑顔が少ないような気がした

■■有料老人ホーム

見学日×月□日　曇り

入居一時金600万円　月額22万円

よい点

◎親の実家から近い
◎○見学時の雰囲気がよく、入居者が笑顔
○駅から5分圏内にある
◎夕食は3種類のメニューから選べる

気になったこと

×月額料金が予算より高い
×看取りはできないとのこと
×子の自宅から1時間ほどかかる場所にある

見学時に施設に聞きたいことリスト

・体験入居は何泊までできるのか？料金は？
・看取りの実績は？
・グループ経営している別の施設はあるのか？
・通院に同行してくれるのか？　同行してくれる場合の料金は？
・冷蔵庫は持ち込むことができるのか？
・外出は自由にできるのか？　許可制か？
・認知症が進行した場合、住み続けることは可能か？

パンフレット、重要事項説明書の疑問点

・運営会社の主な事業は何か？
・入居率はどれくらいか？
・看護師は日中のみなのか？
・光熱費などは基本料に含まれているか？
・退去になるのはどのようなときか？
・入居一時金の初期償却率は？
・月額料金が変更されることはあるのか？

> パンフレットや重要事項説明書を読んで疑問に思ったことや、もっと知りたいことをメモしてみましょう

09

ステップ7
実際に見学に行ってみる

入居者や職員の様子などを通して、施設の普段の雰囲気をチェックしましょう。

■ 複数の視点で見ることがお勧め

　ステップ6で親本人やきょうだいの同意を得られたら、いよいよ見学です。電話で見学のアポイントをとりましょう。

　できれば、**入居検討中の親と一緒に見学**に行きましょう。難しい場合は自分だけでもいいですが、なるべくきょうだいや、自身の家族、場合によっては友人などと一緒に行くことをお勧めします。**複数の視点**でより的確に判断できるでしょう。見学終了後に感想を言い合うことができると、気持ち的にも楽になります。

■ 見学時は五感を働かせて

　見学で確認したいことは6章で詳しく説明しますが、通常、空いている居室や共用スペースなどを見せてもらえます。居室では、水まわりや収納スペースの広さなども見たいですが、物理的なこと以上に大切なのは、**そこで暮らす人々や、働く職員の様子**です。

　案内されて館内を歩いていると、入居者とすれ違うこともあるでしょう。どのような表情か、また、職員とのコミュニケーションの様子を観察してみましょう。食事時であれば、食事介助を受けている様子を見ることもできます。施設によっては、食事の試食ができるところもあります。

　ホーム内を歩いていると、介護度が重い入居者が多い施設では、排便の臭いを察知することがあります。臭いには気をつけているところが多

いですが、それでも気になるところもあります。一時的な臭いなら問題ありませんが、館内に染みついたような臭いなら、管理が行き届いていない可能性があります。

見学時に確認するべきこと

- ☐ 入居している人たちの男女比、介護の必要度合い、表情を観察する
- ☐ 職員の表情や服装を見る
- ☐ 入居者と職員のコミュニケーション・介助の様子を観察する
- ☐ 居室と共用設備を確認する
- ☐ 居室の収納の広さなどを確認する
- ☐ 気になる臭いがしないか確認する
- ☐ 周辺の環境、商業施設、交通を確認する

入居検討にあたり役に立った情報

有料老人ホーム	サービス付き高齢者向け住宅
1位 見学や入居相談による情報	1位 知人や友人・家族などによる口コミ情報
2位 知人や友人・家族などによる口コミ情報	2位 見学や入居相談による情報
3位 体験入居による情報	3位 ホームや運営事業者のパンフレット
4位 ホームや運営事業者のパンフレット	4位 新聞や雑誌その他のマスメディアでの報道記事
5位 新聞や雑誌その他のマスメディアでの報道記事	5位 サービス付き高齢者向け住宅登録情報システム

出典：「有料老人ホームにおける前払金の実態に関する調査研究事業報告書」
　　　2014年、全国有料老人ホーム協会

ステップ8
体験入居をしてみる

契約前に行う「体験入居」や「ショートステイ」は、入居後の不満やトラブルの回避につながります。

■ 数泊することで「相性」をチェック

　ステップ7の見学を終えて、親の反応はどうだったでしょう。「まずまず」と納得できる施設はあったでしょうか。先方に確認し、**体験入居**が可能であれば申し込んでみましょう。有料老人ホームでは、体験入居を受け入れているところが多いです。できれば、1泊ではなく**1週間ほど**試してみることをお勧めします。相性の良し悪しがわかったり、新たな発見があったりするかもしれません。

　介護度が重い親の場合、この体験入居を経て、問題がなければ自宅に戻らず**そのまま入居**に移行するケースもあります。

　また、入院していた親が退院することになった際、医療体制の整った有料老人ホームに体験入居をして、そのまま入居という事例もありました。すぐに判断できない場合、入居一時金が必要な施設では、最終的な結論はクーリングオフが可能な3か月以内に出しましょう（P182）。

■ 介護保険施設は「ショートステイ」でお試し

　一方、特別養護老人ホームなど介護保険で入れる施設には「体験入居」という考え方はありません。通常、待機者が多くてすぐには入居できないので、親の介護度が要介護3以上であるなら、この段階で入居を申し込みましょう。「待機者」として登録されることになります。

　その上で、**担当のケアマネジャー**に相談して、介護保険の居宅サービスの1つである「**ショートステイ**」として介護保険施設を利用してみる

のも手です。この方法なら、1回きりではなく、在宅の間、**何度も利用**できます。必ずとはいえませんが、ショートステイ利用でその施設に馴染み、職員からも顔を覚えられると、入居の優先順位が高くなることもあるようです。親にとっても、入居前にその場所に馴染めるのはメリットです。

　有料老人ホームなどでもショートステイを受け入れる施設があります（P168）。先方に聞いて可能な場合は、ケアマネジャーに相談してみてください。

体験入居やショートステイで確認するべきこと

- ☐ 入居者とのコミュニケーションがとりやすいか？
- ☐ 職員とのコミュニケーションがとりやすいか？
- ☐ 食事が口に合うか？
- ☐ 普段の生活や行動が制限されて不便がないか？
- ☐ 居心地のよさはどうか？
- ☐ サービスがきちんと提供されているか？

ステップ9
入居先を決定し、契約を結ぶ

入居を申し込んで契約を交わす前に、その施設で生活することが可能かどうかの面談が行われます。

■ 申込書と必要書類を提出

　入居を決めたら、申込書と介護保険証の写しなどの必要書類を施設に提出します。有料老人ホームなどでは、空きがあればこの段階で施設側と**本人の面談**が行われます。本人との面談もせずに、「今なら空きがあります」「あと1室です」などと**急かすところは信用できない施設**です。契約までには、入居する側も受け入れる側も**しっかり手続きを踏む**ことが後のトラブル防止につながります。

　近場であれば、施設側から親の自宅、または入院中の病院に来てくれます。待機者がいる場合は、待機者リストに登録されて、空きが出た段階で連絡があり、面談となります。

　一方、特別養護老人ホームなどの介護保険施設では、すぐに空きがあることは珍しいでしょう。空きが出たところで、待機者のうち誰を入居させるかを決める「**入所判定会議**」が行われます。通常、本人の要介護度や介護者の状況などを審査し、必要性の高い申込者が優先されます（P56）。決定したら連絡が来て、施設側と本人の面談に進みます。

■ その施設での生活が可能だと審査されれば「契約」

　面談の後は、その結果を踏まえて「施設での生活が可能か？」が審査されます。可能と判断されれば、具体的な入居日を決定した上でいよいよ7章で説明する**契約**です。契約日には、重要事項についての説明を受けて同意すれば、契約書に署名・捺印して、契約締結となります。

費用については、契約時に入居にあたり必要な料金の一部、または全額を支払うところ、契約後に銀行振り込みで入金するところがあります。

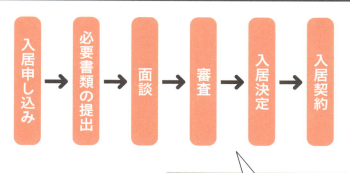

申し込みから契約までの流れ

入居申し込み → 必要書類の提出 → 面談 → 審査 → 入居決定 → 入居契約

「あと1室です」などと契約を急かす施設は注意しましょう。入居する側、施設側、双方がしっかり手続きを踏んで契約することが重要です

入居申し込みとは

有料老人ホームなどでは、入居契約の前に希望の居室をおさえるための「入居申し込み」を要するところがあります。

- 契約までに再度考える時間になる
- 通常、申込金として10万円程度支払う
- キャンセルした場合に申込金が返金されるかを確認する

ステップ10
いよいよ入居！

入居先に持ち込めるものは施設ごとに違います。事前に、施設に確認しておきましょう。

■ 引っ越しの準備を進める

　契約が終わってから入居までの間は、「**何を持って行くか？**」を検討し、取捨選択しなければなりません。入居先によって、持ち込めるものの量や内容は異なります。

　親の判断力が低下している場合は、親の立場に立って、しっかりサポートしましょう。

　通常、ベッドは介護保険施設では備え付け、それ以外では持ち込みのところが多いようです。テレビやラジオは、個室はもちろん多床室でも持ち込み可能のところが一般的です。

　一方、介護度の高い入居者が多い施設では、電気ポットや冷蔵庫、扇風機、暖房器具などは**安全確保の観点から持ち込み禁止**のところが多くなっています。**施設側に確認して準備**しましょう。

　原則、施設入居する場合には施設に住民票を移します。ただし、介護保険の保険者（自治体）は右の図のように「**住所地特例**」によって継続することがあります。

■ 入居当日は明るい笑顔で送っていこう

　入居当日は、荷物の分量によっては引っ越し業者の単身パックなどが必要になるケース、あるいは自家用車やタクシーで十分というケースがあるでしょう。いずれにしろ、親にとっての**新たな生活の始まり**です。明るい笑顔で送っていきたいものです。

「住所地特例」とは

○○市で暮らしていた高齢者が△△町の高齢者施設に入居するケース

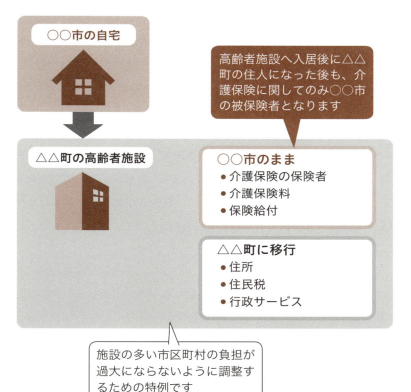

施設の多い市区町村の負担が過大にならないように調整するための特例です

「住所地特例」の対象となる施設

- 特別養護老人ホーム
- 老人保健施設
- 介護医療院
- 介護療養型医療施設（療養病床）
- 有料老人ホーム、サービス付き高齢者向け住宅、ケアハウスなど（2015年4月以前に入居のケースは「特定施設」のみ）

住宅型有料老人ホームが多い理由

　有料老人ホームには「住宅型」と「介護型【特定施設】」があると説明しました。しかし、実際に見学してみると、「住宅型」であっても、「介護型と同じように介護を提供します」と説明を受けることがあるので、頭は混乱してしまいます……。

　実は、国が「特定施設」の数を制限する総量規制を行っていることが背景にあります。「特定施設」が増加すると、入居のための価格を下げなければ人が集まらないという事態に陥り、経営が悪化して破たんするところが出てくるためです。さらに、自治体が負担しなければいけない介護報酬（介護保険利用があった施設への支払い）も増え続けることになります。

　都道府県が新規指定を規制するようになり、事業者は総量規制の対象外の「住宅型」にシフトするようになりました。その結果、「住宅型」にも中重度の要介護者が入居。事業者側からすれば、ケアを他事業者に渡すわけはなく、自社や関連会社で行おうとすることが一般的です（「住宅型」の中には、「特定施設」の指定を取ろうと手続き中のところも珍しくありません。入居後に「特定施設」に変更となるケースもあります）。

　確かに、規制がないと、経営破たんするところが増えてしまうでしょう。施設が破たんした場合、一番の被害者となるのは入居者の人たちということになります。とはいえ、指定のない住宅型有料老人ホームは、玉石混交の状態です。高齢の親に代わって子世代が、情報収集力や判断力をフル稼働させる必要があるのです。

chapter
6

実際に足を運んで確認したいこと

希望に合う施設が見つかったら、必ず「見学」や「体験入居」をします。施設に足を運んだ際には、職員や入居者の様子を見て、不安や疑問点は率直に質問しましょう。
本章では、見学や体験入居で確認したいこと、その他知っておきたいポイントを紹介します。

01 見学は入居先を決めるための重要なプロセス

施設で働く職員と入居している人の様子は、実際に現場を見てこそわかります。

紙の情報では見えてこないこと

　パンフレットや重要事項説明書を読むことで、施設の概略を理解することはできます。しかし、それだけでは情報収集は不十分です。

　もう20年以上前になりますが、この業界の取材を始めた当初、たまたま出かけた施設が真新しく、まさにホテルのような美しい特別養護老人ホームでした。私が「きれいなところですね、こんなところなら！」と感激していると、「**施設はきれいならいい、というものではありません**」と施設長にピシリと指摘されたことが忘れられません。

　暮らしの良し悪しを左右する最も大きな要因は、そこで**「働く人」の質**、そして彼らとそこで**「暮らしている入居者」との関係性**なのではないでしょうか。こればかりは、資料だけでは見えてきません。実際に、現地に足を運ぶことが必要です。

施設長・職員と入居者の表情を見る

　そこで暮らすのは親です。「**相性**」の感じ方は親子でも異なるので、**できるだけ親本人と見学**しましょう。それが難しい場合も、客観的に判断できるように、きょうだいや親族などと複数の目で見たいものです。食事を試食する場合も、職員が入居者に対してどのように介助しているか、しっかり観察しましょう。

　施設長やケアマネジャーの施設運営や介護に関する考え方を聞くことはもちろん、施設内を案内してもらう際に入居者とすれ違ったときの両

者の**表情**や**言葉かけ**なども見てみましょう。笑顔？ 仏頂面？ 事務的？ 施設によって結構違いがあるので、複数を見学すると、「どういうところが親にとって好ましいか」がだんだんわかってきます。また、介護職員についてはどのような**資格**を持っているかも聞きましょう。

見学でチェックするポイント

施設長をはじめとする職員と話したとき

☐ 介護や施設運営の理念・考え方に共感できるか？

☐ 入居者との接し方（対話・介助の様子）は？

☐ 職員の表情は明るいか？

入居者の様子を観察したとき

☐ どのような表情で他の入居者や職員と話しているか？

☐ どの程度の介護を要する人が入居しているか？

> チェックするポイントは「人」。
> 親が馴染めそうかどうかが大切です

高齢者施設で働く医療・介護の職員

- 施設長
- ケアマネジャー
- 介護職員
- 栄養士
- 医師
- 看護師
- リハビリ職員
- 事務職員

> 見学の際には、どのような専門職がいるかを聞き、働く現場を見せてもらいましょう。専門職員の資格の有無も確認を

02 見学にお勧めの時間帯はランチタイム

食事の時間に見学すれば、介助の様子だけでなく、職員と入居者の会話など、多くの情報が得られます。

■ 食事の時間帯は入居者が集まる

　施設見学の時間帯を選べるようなら、**昼食の時間帯**を指定しましょう。入居者が食堂に集まるので、性別や雰囲気、介護の必要度合いなどを知ることができます。食堂に誘導するため、歩行が難しい入居者をサポートしたり、車いすを押したりする姿を見ることもできるでしょう。

　さらにアポイントを取る際に、**昼食を試食**できるかも聞いてみましょう。派遣された調理スタッフが施設内の厨房で調理しているところや、調理済みの食事を施設の厨房で盛り付けているところがあります。その他、レトルトや冷凍の食事を温めて提供するところなども。どのスタイルが良い・悪いではなく、コストや質（味）に対する考え方が反映されているといえるでしょう。

　試食中は「味」にばかり気をとられていないで、職員がどのように入居者の食事介助をしているかを見てください。耳をすませば、職員と入居者、入居者同士の対話も聞こえてくるはずです。もし、違和感を覚えることがあれば、「わが家の施設チェックノート」（P139）にメモをしましょう。後から、他の施設と比較検討するときに役立ちます。

■「食事付き見学会」の様子は割り引いて考える

　新聞広告やチラシなどで「**食事付き見学会**」と銘打って、見学者を募っている施設があります。施設側からすると、一度に複数の見学者を案内できるので効率的な方法です。しかし、それが1つの「イベント」となっ

ていると、普段より食事の内容が豪華であったり、職員も見学者を意識してケアをしていたりする可能性があります。

もちろん「見学会」でも普段通りの様子を見せるところもあると思いますが、参加する場合は**割り引いて考える**ことも必要です。

一方、「見学会」などで行われる質問時間では、他の参加者から自分たちとは異なる視点の質問が出たりするので、施設選びの参考になることもあります。「個別見学」と「見学会」、それぞれのメリットとデメリットを知った上で参加したいものです。

また、ある新規施設の内覧会では、居室の配置図面上で「申し込み」のあった居室に斜線を引いて、「残室わずか」と入居をあおっていました。入居がスタートする前の段階では、職員や入居者の様子を知ることはできません。新築物件は気持ちがいいというメリットはありますが、選ぶ際には慎重になることが必要だと思います（P50）。

「ランチタイム」にチェックするポイント

- ☐ 食堂に集まる際の入居者へのサポートの様子
- ☐ 食事介助の様子
- ☐ 食事中の職員や入居者の対話、雰囲気
- ☐ 食事はどこで作られているか？
- ☐ 介護食や療養食の用意はあるか？
- ☐ メニューは選ぶことができるか？
- ☐ 食べたくないときには、キャンセルできるか？

「個別見学」では施設の普段の様子がチェックできます。「見学会」では他の参加者の「別の視点」が参考になることもあります

03 施設長・ケアマネジャーと話してみよう

施設長やケアマネジャーの「介護に対する考え方」を知っておくことは大切です。親や家族との「相性」も確認しましょう。

■ 施設の考え方や理念を聞こう

　見学する際、その施設の理念や考え方を聞くことは大切です。施設によっては営業マンが対応することもあるので、アポイントを取る際に、**「施設長やケアマネジャーと話したい」**と伝えておきましょう。

　特別養護老人ホーム（特養）の入居条件は「要介護3以上」となっており、明らかに要介護度の高い高齢者をケアすることを目的としていることがわかります。一方、民間施設では、入居対象の幅が広くなっています。「自立」から「要介護5」まで幅広く受け入れるところも珍しくありません。**それぞれのケアに理念**があればいいのですが、そうでもなさそうなところもあります。

　本来は、要介護度の高い入居者を想定していたけれども、経営上「自立」の人まで広く受け入れているところ、あるいはその逆もあったりします。「経営上」の理由で受け入れている入居者に対しては、理念は二の次なのでは？ ……と勘繰ってしまいます。

■ 介護施設のケアマネジャーは変更できない

　ケアマネジャーとの相性も重要です。在宅介護の際には、ケアマネジャーの言動に納得できないなどの不満が生じたときは変更することができました。しかし、介護型の施設では、施設に所属するケアマネジャーにケアプランを作成してもらうことになるので、**原則として変更することはできません。**

一方、住宅型の施設では変更可能ですが、施設併設の事業所のケアマネジャーだと、その後も顔を合わせることになるので、心情的に変更をためらってしまう場合もあります。

　見学の際は、ケアマネジャーともしっかり話して、介護に対する考え方や相性を確認しましょう（ただし、そのケアマネジャーが辞めたり、異動したりすることもあるので考えすぎないように……）。

　介護保険施設でも施設のケアマネジャーにケアプランを作成してもらうのですが、入居可能となった場合に「相性が……」などと悠長なことを言っていられないケースが多いと思います。しかし、特養であっても複数を見学し、何かしら気が進まない施設は申し込み先から除外している人は多いです。

介護型施設のケアマネジャーは変更できない

**介護型施設では、施設に所属する
ケアマネジャーにケアプランを作成してもらうことになる**

❌ 在宅のときのケアマネジャーに継続してお願いすることはできない

❌ 相性が悪くても、在宅のときのケアマネジャーのように変更できない

**見学時に施設長やケアマネジャーと話をして、
介護についての考え方や相性を確認しておくことが大切！**

04 周辺の環境や交通手段に不都合がないか？

入居した後で、周辺環境や交通アクセスに不満を感じることもあります。施設だけでなく、周辺状況の事前確認も重要です。

■ 早めに出かけて周辺環境をチェック

　見学のアポイントは何時でしょうか。もし、12時なら、現地には11時30分までには着くように出かけたいものです。

　見学の前に、建物を前から見たり、裏から見たり、ウロウロして**周辺の環境をチェック**しましょう。玄関先はきれいでも、裏庭は荒れ果てている、なんてところもありました。散歩する川辺や公園は近くにあるでしょうか。自由に外出できる施設なら、近隣にコンビニやスーパーがあると買い物に便利です。パンフレットには「閑静な住宅街」と書かれていたけれども、あまりにへんぴだ……とか、確かに緑豊かだけれど周囲には何もない……など、良い悪いではなく、価値観によって「**住んでみたい**」環境は異なるものです。

　また、周囲に**関連の病院や他の施設**が立っている場合は、その様子ものぞいてみましょう。目当ての施設を見学した後に、「あそこも、見せてもらえますか？」と言えば、案内してもらえると思います。

■ 親は「暮らす場」、子は「通う場」という視点で

　もしその施設に親が入居した場合、子はどのような**交通手段**を使って会いに行くことになるでしょうか。電車かバスか、あるいは自家用車か。飛行機や新幹線というケースもあるでしょう。乗り換えはスムーズでしょうか。地方によっては、公共バスが日に1、2本しかないところもあります。タクシー利用となると費用もかさみます。自家用車なら、駐

車スペースの確認も必要です。

親は「**自身が暮らす場として**」、子は「**度々通う場として**」、それぞれチェックします。子が通って行くときに、**親を自宅に連れ帰る計画**があるなら、その視点も加味しましょう。

「施設の周辺」に関するチェックポイント

- □ 駅や自宅、もしくは親の自宅からの交通手段
- □ 散歩に適する公園や道路の様子
- □ コンビニやスーパーなどの商業施設の有無
- □ 近隣にどのような病院や施設があるか？
- □ 訪問者向けの駐車スペースは確保されているか？
- □ 鉄道や飛行機などの音、救急車のサイレン音など「騒音」となるものはないか？

一方の親のみが施設入居するケースでは、自宅で暮らすもう一方の親が通いやすいことも大切です

高齢者が地域で暮らす上で「不便」が生じやすいこと

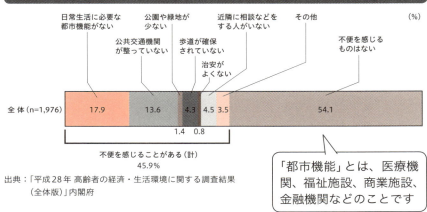

区分	日常生活に必要な都市機能がない	公共交通機関が整っていない	公園や緑地が少ない	歩道が確保されていない	治安がよくない	近隣に相談などをする人がいない	その他	不便を感じるものはない
全体 (n=1,976)	17.9	13.6	4.3	1.4	0.8	4.5	3.5	54.1

不便を感じることがある (計) 45.9%

出典：「平成28年 高齢者の経済・生活環境に関する調査結果（全体版）」内閣府

「都市機能」とは、医療機関、福祉施設、商業施設、金融機関などのことです

05 居室はもちろん共用スペースもしっかり見る

入居することになる居室だけではなく、そこから利用する各設備までの動線も確認しましょう。

■ 居室は狭くないか？ 必要なものを置けるか？

　見学に行くと、空いている居室を案内してくれます。空室がないところでは、入居者の居室を見せてくれる場合もあるでしょう。「入居者の居室を見せてくれる施設は、入居者とのコミュニケーションがいいところ」と言う人もいました。一理あるかもしれません。

　多床室（相部屋）は、カーテンで仕切っているところが多いですが、建具や間仕切り壁などで仕切り、**プライバシー**を保てるように配慮しているところもあります。

　実際に親が暮らすことになるかもしれない居室です。窓からの見晴らしも確認します。**気持ちよく過ごせる風景**でしょうか。また、ベッドの置き場所や水回りの動線なども具体的に検討しましょう。緊急通報装置やセンサーの有無もチェックしてください。持ち込みたい家具がある場合、**メジャーを持参するとサイズを確認できる**ので便利です。

■ 居室と共用スペースの動線を確認

　居室と食堂、浴室などの動線も確認しましょう。一人で移動できるうちは問題ありませんが、自力で行くのが難しくなると、職員にサポートしてもらう必要が生じます。住宅型の施設では、移動介助にオプション料金が発生する可能性があります。

　浴室は、自分で入れる浴槽と介助用機械浴を用意しているところが多いです。自分で入れる場合は、毎日でも入浴できるのか、あるいは制限

があるのかを聞いてみましょう。居室がコンパクトな場合は、日中くつろげるリビングのような空間があるといいかもしれません。共用スペースは、入居者が実際にどう利用しているかを確認しましょう。

　価格帯の高いところでは、プールやシアタールームなどもあったりします。**親にとって必要な設備**は何か、あるいは**生活を豊かにするための設備**は何かを考える必要があります。例えば、土いじりが好きな親なら、広くなくても花を育てる庭やテラスが備わっているとうれしいですね。

居室・共用スペースに関するチェックポイント

- ☐ 居室の間取りや広さ、収納スペースは十分か？
- ☐ 窓から見えるものは？
  （墓や病院が見えることを嫌う親は多い）
- ☐ トイレや洗面スペースへの動線
- ☐ 居室以外でくつろいだり、楽しんだりできる
  共用スペースはあるか？
- ☐ 食堂、大浴場などの共用スペースへの動線
  （自分で行けなくなったら？）
- ☐ 持ち込める家具や家電のサイズ
- ☐ 多床室（相部屋）はプライバシーが保たれているか？
- ☐ 備品はしっかり補充されているか？

メジャーを持って行くと家具の置き場所などが測れるので便利です

06 併設事業所との関係やサービス内容を確認

住宅型施設の多くは同系列の介護事業所を併設していますが、利用者の選択で、他の事業所を利用してもかまいません。

■ 併設事業所のケアマネと契約するということは……

　介護型施設では、原則として**施設に所属するケアマネジャー**にケアプランを作成してもらい、施設職員から介護サービスを受けます。それ以外の施設では**外部の居宅介護支援事業所と契約**し、そちらに所属するケアマネジャーにケアプランを作成してもらうことになります。

　しかし、住宅型の施設でも、多くは同じ敷地内に介護サービスを提供する同系列の訪問介護やデイサービスの事業所を併設しています。そちらに所属するケアマネジャーが入居相談に対応したり、施設内を案内してくれたりすることもあるので、「施設のケアマネさん」と勘違いするかもしれません。ですが、差し出された名刺をよく見てください。施設のケアマネジャーではないことがわかります。

　「身近にケアマネジャーがいる」ということは、安心感につながることでもあるでしょう。ただし、施設側の意図には、入居者の「**囲い込み**」という面もあります。

　本来は、他の事業所のケアマネジャーやサービスを利用してもいいのですが、同じ敷地にあり、見学の際にも顔を合わせていれば、通常その人に頼みます。結果、入居者のほぼ全員が**併設の介護事業所のケアマネジャーを利用している**、なんてことも。

　競争原理が働かなくなり、過度のサービス提供がなされ費用が高額になるなど、問題が生じることもあります。厚生労働省は「**入居者のサービス選択、自己決定権を妨げてはいけない**」という指針を打ち出していますが、実際には、「囲い込み」が減少しているようには思いません。

■ 便利で安心か？ 囲い込みか？

　住宅型施設の中には**小規模多機能居宅型介護施設**（小規模多機能）を併設しているところもあります。介護度別の定額で「通い」「訪問」「宿泊」のサービスを希望に応じて利用できるものです（P86）。住宅型の施設は自由だけれど、「介護が手薄では？」「介護度が高くなったら、費用が膨れ上がるのでは？」という心配がありますが、敷地内の小規模多機能を利用することで、その心配を軽減することが可能かもしれません。

　ただし、小規模多機能を利用すると、他の訪問介護やデイサービスは利用できません。適切なサービス提供がなされ、コミュニケーションがスムーズならよい結果となりますが、利用者である親との相性もあるでしょう。施設見学の際には**併設事業所のサービス内容、利用者との関係性**について説明を求めましょう。

入居者の「囲い込み」とは

本来、利用者は自由に介護事業所を選択できるが……

同系列の組織

入居先の施設

担当ケアマネジャー

入居者

介護サービスを提供する
外部事業者

利用しても
問題なし

他の事業者の
ケアマネジャー

入居先の施設と外部の介護事業所、担当ケアマネジャーが、すべて同系列の組織に所属していると、競争原理が働かず、過剰なサービス提供の原因になることも

07 入居者の外出や外泊、面会のルールは？

危険防止のために入居者の「外出」や「外泊」を制限する施設も。
親の心身状態によっては、不満を感じることもあるでしょう。

■ 介護型は外出制限があり、住宅型は自由な傾向

　3章でも説明した通り、介護型の施設ではごく近所を含め入居者が**一人で外出することを認めていない**ところが多いといえます。危険が伴うためです。かといって、職員も忙しいので、マンツーマンで外出に付き添うことは容易ではありません。事前にお願いしておけば別ですが、「今、近所のコンビニに行きたい」と思っても難しいでしょう。基本的に、買い物は施設で代行してくれます。定期的に商店が出張販売に来るところもあります。

　特に、認知症の高齢者を受け入れる施設では、徘徊などで施設から出ていくのを防止するために、扉を施錠しているところもあります。施錠するなどの行動制限は「虐待」の一種だという考え方もあり、「**夜間のみ**」などできるだけ施錠する時間帯を減らす施設が増えてきました。施錠はしないけれど、自動ドアの電源を切っている施設もあるようです。**センサーで徘徊を探知**して防止するところもあります。虐待との境界が微妙ですが、睡眠薬や安定剤などでコントロールする施設もあるので、**施設としての方針**を事前に聞いておきましょう。

　一方、自立のお年寄りが比較的多く暮らす施設では、玄関先で行き先と帰宅予定時刻を聞かれることはありますが、ほぼ外出を認めています。一人で散歩できる（そのことを好む）親なら、外出制限の厳しい施設に入った場合に大きなストレスを生む可能性もあります。

　外泊については、介護型・住宅型ともに、**外泊許可**を取って家族が送迎すれば問題ないでしょう。

入居者宅への面会ルールもさまざま

　入居者の家族などが施設を訪問する際も、時間帯を設定しているところと、24時間可能なところがあります。総じていえるのは、本人の外出同様、住宅型は自由度が高く、介護型はルールを設けているところが多いということです。

　住宅型の中には、いわゆるフロントサービス（来訪者の案内や郵便・宅配便などの取り次ぎ）がなく、家族や知人はもちろんのこと、宅配業者や何かしらのセールスマンなども、インターホンで直接やりとりして自由に出入りできるところもあります。高齢者施設に入居しているということは、**一定以上の資産があることを公言**しているようなものなので、中には悪徳な業者が入ってくるケースも考えられます。家族に限らず、**来客が居室に入るまでの手続きやルール**についても見学時に確認しておきたいものです。

外出と面会に関するチェックポイント

- ☐ **外出に施設の許可は必要か？**
- ☐ **入居者一人での外出を認めているか？**
- ☐ **認知症などの入居者が一人で外出することを防ぐためにとられている策は？**
- ☐ **家族のためのゲストルームなどは用意されているか？**
- ☐ **家族との面会時間は決められているか？**
- ☐ **フロントサービスの有無とその内容は？**

08 レクリエーションはどんな風に行われている？

施設ごとに行われるさまざまな催し。親はどのような行事があれば、楽しむことができそうでしょうか。

■ 親は集団行動に馴染めるタイプか？

　多くの施設では、入居者が楽しめるように**レクリエーションの時間**を設定しています。日々のレクリエーションとしては、歌や体操、しりとり、連想ゲームなどが行われています。住宅型より介護型のほうが盛んで、比較的元気な入居者が多い住宅型では自由参加の場合もありますが、**介護型では原則参加**としているところが多いです。レクリエーションは、日中、活発に行動することで昼夜逆転になることなどを予防し、**規則正しい生活**を送るためにも効果があります。

　人付き合いが苦手な親の場合は、レクリエーションの時間に見学して、**馴染めそうか**見ておいたほうがいいでしょう。馴染みにくい入居者にはどのようにアプローチしているかも、職員に聞いてみましょう。最初は嫌々参加していても、数か月後には笑顔になっているケースもあります。

■ 家族参加の行事は職員と交流するチャンス

　年間を通して、右のような四季折々の行事を企画する施設が多く、特に介護型では、**生活のメリハリ**として、入居者たちの**楽しみ**にもなっています。

　敬老会やクリスマス会には家族にも招待状が届くところがあります。家族が来るのと来ないのとでは、親本人のモチベーションは大違いですから、都合をつけて参加したいものです。**職員とも交流**できるいい機会となるはずです。親の日常を垣間見ることもできるでしょう。

施設で日常的に行われるレクリエーション例

- **体を動かす**

  体操、輪投げ、風船バレーボール、カラオケ、ダンスなど
- **座ったままで**

  歌、しりとり、トランプ、連想ゲームなど

> レクリエーションの意義は……
> 1. 身体機能の維持
> 2. 脳の活性化
> 3. コミュニケーションの確保と楽しみの創出

施設での季節ごとの行事例

1月 新年会	新年を入居者と職員でお祝いします
2月 節分	職員が鬼と福の神になり、豆まきを行います
3月 ひなまつり	おひなかざりをし、お祝いします
4月 お花見	近くの公園に満開の桜を見に行きます
5月 買い物ツアー	家族や職員と買い物に出かけます
6月 ドライブ	川辺の公園にドライブに出かけます
7月 七夕祭	短冊に願い事を書き、笹に飾りつけをします
8月 納涼祭	家族や地域の方も招き、納涼祭を行います
9月 敬老会	家族や地域の方も招き、長寿のお祝いします
10月 ピクニック	秋空のもと、お弁当を持ってピクニックを楽しみます
11月 紅葉狩り	近くの公園で秋を満喫します
12月 クリスマス会	家族を招きメリークリスマス！

> 家族参加型の行事には、できるだけ都合をつけて参加しましょう。親のモチベーションに影響します

09 介護が必要になったら部屋を移動？

将来的に介護の度合いが重くなっても、当初の居室に住み続けることはできるのでしょうか。

■ 介護専用居室への移動を促す施設も

　自立や低い介護度の高齢者を受け入れる施設では、介護の度合いが重くなった場合に、当初の居室に住み続けることができるのか気がかりです。

　施設によっては、**重度介護の必要な人専用の居室**を設けているところもあり、そちらへの**移動を促される**ことがあります。同系列の介護型施設への住み替えを勧めるところもあるようです。

　心身の状況が変化したときに居室の移動が可能なのか、入居前に確認しましょう。**入居契約書にも明記**されているはずです。ただし、移動になる施設でも、「有無を言わせず」ということはないので安心してください。右上のような手続きで進められることが一般的です。

　ある住宅型有料老人ホームでは「介護の度合いが高くなっても移動の必要はない」との契約なのですが、入居者が自ら希望し、同グループの介護型施設に住み替えることがあるそうです。施設内の友人に、「介護が必要となった姿を見られたくない」という当人の希望からです。こうした可能性も考慮しておくほうがいいのかもしれません。

■ もしも移動になった場合の費用は？

　住み替えの可能性がある施設を選ぶ場合は、**介護が必要になった際に移る居室も、入居前に見せて**もらいましょう。移動によって居室が狭くなる場合に費用の調整は行われるのか、追加費用が発生するかについて

も確認が必要です。

自室での生活が難しくなってきた場合の手続き

1. 主治医や事業者の指定する医師の意見を聞く
2. 入居者の意思を確認する
3. 身元引受人などの同意を得る
4. 一定の観察期間を設ける

> やむを得ず移動が必要であることを明確にするために、こうした手続きが行われます

「元気な人向け」と「介護専用型」の居室の違い

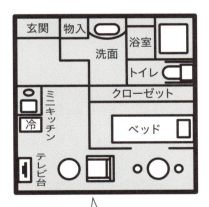

元気な人向けの居室イメージ
ミニキッチン、トイレ、洗面台、浴室が備わった一般的なマンションのような空間

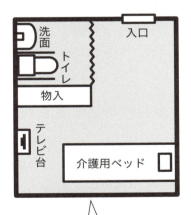

介護専用型の居室イメージ
トイレや洗面台は備わっていますが、ベッド1台を配置できるくらいのコンパクトな空間

10 体験入居やショートステイで施設の生活を知る

お試しで入居をして、「起床」から「就寝」までを体験すれば、施設内での生活を実感することができます。

■「お試し」をしてこそリアルな生活を体験できる

　いくつかの施設を見学して、「まずまず」と思えるところがあったら、**体験入居**もしくは**ショートステイ**で、実際に親に宿泊してもらいましょう。1時間ほど見学しただけではわからないことも、1日を通して滞在することで理解できる場合があります。

　見学時には、入居者に声かけしづらいものですが、体験入居やショートステイを利用すれば施設で行われるプログラムにも参加できるので、話しかけることもできるでしょう。**起床から就寝までの流れ**や、職員から受けるケアの内容を、具体的に体験することができます。

■ショートステイを利用できる有料老人ホームも

　体験入居とショートステイでは、何が違うのでしょう。どちらも施設で宿泊することですが、体験入居は施設側が独自に設定しているサービスです。介護保険は適用されないので**全額自己負担**となります。

　一方、ショートステイは介護保険法によって定められたサービスです。利用にあたって居住費や食費はかかりますが、介護費用に関しては介護給付費が支給され、1割または2割、3割の自己負担額ですみます。1泊2日から**最長30日**まで利用できます。

　介護保険施設のほか、有料老人ホームなどの特定施設でも実施するところが少なくありません。「**短期利用特定施設入居者生活介護**」といいます。見学時に実施の有無を確認してみましょう。

施設での1日の過ごし方の例

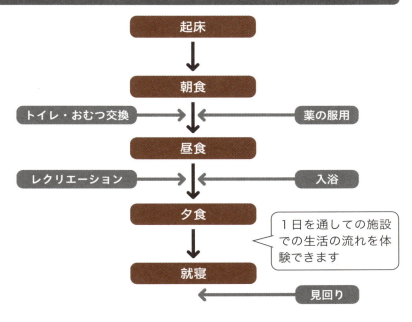

起床 → 朝食 → （トイレ・おむつ交換／薬の服用）→ 昼食 →（レクリエーション／入浴）→ 夕食 → 就寝 ← 見回り

1日を通しての施設での生活の流れを体験できます

体験入居・ショートステイの種類

名称		内容	介護保険利用
体験入居		有料老人ホームなどに短期入居して日常生活上の支援などのサービスを利用する。施設独自のサービスなので全額自己負担	×
ショートステイ	短期入所生活介護	特別養護老人ホームなどに短期入居して、日常生活上の支援や、機能訓練などのサービスを利用する。要支援1から利用可能	○
	短期入所療養介護	医療機関や老人保健施設などに短期入居して、日常生活上の世話や、医療、看護、機能訓練などのサービスを利用する。要支援1から利用可能	○
	短期利用特定施設入居者生活介護	特定施設に短期入居して、日常生活上の支援や、機能訓練などのサービスを利用する。要支援1から利用可能	○

⑥ 実際に足を運んで確認したいこと

コラム⑦

施設探しは、まるで「就職活動」？

　唐突ですが、就職活動でいろいろな会社を訪問したことがある人は多いのではないでしょうか。

　会社のパンフレットやホームページにはよい面ばかりが強調されており、実際の仕事の難しさなどは目に見えてきません。そこで、会社訪問やOB・OG訪問で実態を知ろうとします。「こんなはずではなかった」というミスマッチをなくす対策となり、入社後に後悔したり、早期退職したりすることを防ぐ効果が期待できます。

　実際の就職活動では、給料を含めた条件のよさだけでなく、会社の理念やそこで働く社員の雰囲気、仕事の仕方などが、最終的な選択の決め手となったのではないでしょうか。

　こう考えると、就職活動と施設探しはとても似た側面があるといえます。「高い・安い」と料金だけで決めるのは、「給料が高い・安い」という条件だけで会社を決める怖さと似ています。

　会社のパンフレット同様、施設のパンフレットもよい面ばかりが書かれています。それを鵜呑みにするのではなく、自分の目で見て、施設運営の理念や介護に対する考え方をじかに聞くことはとても大切です。また、そこで働く職員、入居者との相性……。面倒でも、複数の施設を見学し、可能であれば企業のインターンシップに参加するように、体験入居やショートステイを行うことが理想だといえます。

　会社同様、入ってから「こんなはずでは……」となることを防ぐ手立てとなるはずです。

chapter

7

契約前に確認しておくこと

親も子も納得できる施設が見つかったら、いよいよ契約です。日常生活では見かけない契約書や重要事項説明書など、とっつきにくい書面を読み込む必要があります。後に「こんなはずではなかった」とならないように、最終確認も抜かりなく。

01 契約形態や利用料の支払い方式について確認

契約形態や利用料の支払い方式は、施設ごとに違います。入居後の権利や支払う額に影響があるので確認しましょう。

■ 有料老人ホームは「利用権」、サ高住は「賃貸借」

　高齢者向けの施設には、**いくつかの契約形態**があります。代表的な形態は、有料老人ホームの多くが採用している「**利用権方式**」の契約です。入居の際に一時金を支払うことで、終身にわたり居室と共用施設を利用する権利と、介護や生活支援サービスを受ける権利が保障されるというものです。

　一方、サービス付き高齢者向け住宅では、住宅部分については「**建物賃貸借方式**」で契約を結び、さらに必要に応じて「**サービス利用契約**」を別途締結することになります。特別養護老人ホーム（特養）や老人保健施設（老健）、ケアハウスでは、「**入所サービス利用契約**」を結びます。

■ 契約形態により利用者の権利は大きく異なる

　利用権方式と賃貸借方式には、とても大きな違いがあります。利用権方式には根拠法はなく、施設と入居者の間での契約であり、どちらかといえば**施設側に有利**です。何らかのトラブルが発生した場合に、施設側から契約解除できる項目が設けられていることが一般的です。また、入居中に経営者が変わった場合、その**契約内容は継承されません**。

　対して、賃貸借方式は**借地借家法**という法律によって入居者の権利が非常に強く守られています。事業者側の都合で退去させられることはありません。こちらは経営者が変わっても、**契約内容が継承**されます。契約する際には、そこがどういう契約形態なのか確認しておくことが大切です。

利用料の支払い方式は4つ

　「入居一時金」（P108）を設定している施設では、下の表の通り**4つの支払い方式**があります。契約時には、どれにあたるか確認してください。入居後に支払う金額が大きく違ってきます。

> 特養や老健などでは「入所サービス利用契約」を結びます

高齢者施設の主な契約形態	
利用権方式	居住部分と介護や生活支援などのサービス部分の契約が一体となっている方式
建物賃貸借方式	賃貸住宅における居住の契約形態であり、居住部分と介護などのサービス部分の契約が別々になっている方式
終身建物賃貸借方式	賃貸借方式で、特約によって入居者の死亡をもって契約を終了する方式

利用料の支払い方式	
全額前払い方式	終身にわたり必要な家賃相当分などを前払い金として一括で支払う方式
月払い方式	前払い金を納めず、家賃などを月払いする方式
一部前払い・一部月払い方式	終身にわたり必要な家賃などの一部を前払い金として支払い、その他は月払いする方式
選択方式	入居者が「全額前払い方式」「月払い方式」「一部前払い・一部月払い方式」を選ぶ方式

※老人福祉法の改正を受けて、「一時金」という表現は「前払い」という表現に変更することが望ましいとされています。

02 施設の経営状態も しっかりチェック

入居後に施設が倒産するのは避けたいところです。入居率や職員の定着率などが、経営状況判断の手がかりになります。

■ 入居率や職員の定着率を確認

　施設の入居率は**経営状態をチェック**する際の1つの目安となります。例えば、有料老人ホームの損益分岐点は開設後2年で**入居率80％程度**といわれています。それより低い場合は、その理由を聞いてみましょう。一方、職員が平均何年間勤務しているかなどの**定着状況**も、安定した運営がなされているかを判断する手がかりとなります。これらは、P176〜179で説明する**重要事項説明書**で確認することができます。

　事業者が複数の施設を経営している場合は、入居を考えているところだけでなく、他の系列施設の重要事項説明書にも目を通すといいでしょう。途中で**経営者が変わっている**こともあるので、その場合には理由を聞いてみましょう。不明な点があれば、職員に遠慮せずに説明を求めてください。

■ 必要に応じて財務諸表もチェック

　施設以外の経営を多角的に行っている事業者も数多くあります。事業者の**主要な事業**を確認し、必要であれば**財務諸表**などの経営状況の提示を求め、その事業者の事業全体の経営が軌道にのっているかを確認できると安心です。

　公益社団法人全国有料老人ホーム協会では、加盟ホームの決算書などの閲覧が可能です。決算書類などは、金融機関に勤めている人、経理関係の職務経験のある人ならおおむね読み解くことができます。そうした

人が親族にいれば、見てもらうといいでしょう。不安な場合は、公認会計士などの専門家に相談するのも方法です。ただし、それでも**万全とはいえず**、書面上、問題を発見することがなくても、倒産したり、廃業したりすることもないわけではありません。

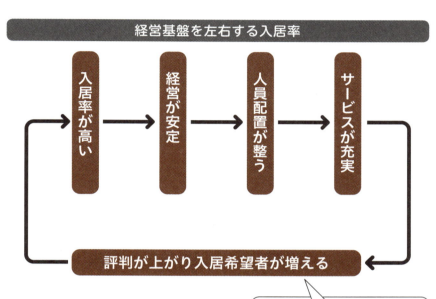

経営基盤を左右する入居率

入居率が高い → 経営が安定 → 人員配置が整う → サービスが充実 → 評判が上がり入居希望者が増える

入居率があまりに低い場合は選択肢から外しましょう

有料老人ホームの平均入居率

全体	86.6%	介護付	88.1%
		住宅型	85.2%
開設後1年経過	89.5%	介護付	89.5%
		住宅型	89.4%
開設後2年経過	90.0%	介護付	90.0%
		住宅型	90.1%

出典：「短期利用特定施設入居者生活介護の要件緩和について」2014年、厚生労働省老健局

03 施設選びに欠かせない重要事項説明書①

パンフレットには掲載されていない大切な情報を知ることができるので、しっかり読み込みましょう。

■ 施設の概要がひと目でわかる

　施設の概要や職員の配置状態、サービス内容、利用料など、**施設選びに欠かせない情報**をまとめた詳細な説明書を「**重要事項説明書**」と呼びます。施設の種類、管轄する都道府県によって、フォームに書かれる内容は異なりますが、いずれもパンフレットだけではわからない事項が記載されています。入居者の状況や協力医療機関などの医療体制、介護度が上がった場合に住み替えが必要ならその内容、入居・退去の要件なども確認できます。

　厚生労働省や都道府県では、高齢の利用者が自身で比較検討できるように、重要事項説明書を「わかりやすく」表記するよう指導しています。**複数の施設のものを読み比べる**と、見方に慣れて理解しやすくなってきます。パンフレットを入手する際に、必ず一緒にもらいましょう。

■ 職員の勤続年数もチェック

　右の図は東京都内にある有料老人ホームの重要事項説明書です。介護付きの有料老人ホームであり、利用料の支払い方式は選択できることがわかります。自立の人も入居可能で、介護保険は「**特定施設入居者生活介護（特定施設）**」を利用しており、居室は個室となっています。

　さらに、下段にある従業員の職種別・勤続年数別人数の項目を見てみましょう。看護職員は計5名で全員常勤です。一方、介護職員は常勤が29名、非常勤が6名。また、勤続年数3年以上の職員が19名いるので、

まずまずの定着率だといえるでしょう。入居者2.3名に対して職員1名。法律で定められた3：1より充実していることがわかります。

7

契約前に確認しておくこと

「重要事項説明書」の概要・職員体制欄の例

重要事項説明書

施設名	○○ホーム
定員・室数	105人・105室

まずは類型、権利形態、居室区分などを確認

有料老人ホームの類型・表示事項

類 型	介護付（一般型）
居住の権利形態	利用権方式
利用料の支払い方式	選択方式
入居時の要件	混合型（自立含む）
介護保険の利用	特定施設入居者生活介護（一般型）
居室区分	定員1人
介護に関わる職員体制	2.5：1以上

職員の勤続年数は？

職員1名に対する入居者の人数は？

| 看護職員および介護職員1人あたり（常勤換算）の利用者数 | 2.3人 |

従業者の職種別・勤続年数別人数

継続年数　　職種	看護職員		介護職員		生活相談員		機能訓練指導員		計画作成担当者	
	常勤	非常勤	常勤	非常勤	常勤	非常勤	常勤	非常勤	常勤	非常勤
1年未満	1	0	8	0	0	0	0	0	0	1
1年以上3年未満	3	0	11	0	0	0	0	0	1	0
3年以上5年未満	0	0	7	4	0	0	1	0	0	0
5年以上10年未満	1	0	3	2	1	0	0	0	0	0
10年以上	0	0	0	0	0	0	0	0	0	0
合計	5	0	29	6	1	0	1	0	1	1

看護職員が5名、介護職員は常勤29名、非常勤6名だとわかります

04 施設選びに欠かせない重要事項説明書②

重要事項説明書の書式は、施設によって異なります。入居率や退去の理由もおさえておきましょう。

■ 入居者の状況をチェック

　右上の図の「**入居者**」の項目を見てみましょう。男女別の入居者の数や平均年齢を知ることができます。その方々の要介護度もわかるので、親の現状と比較することができるでしょう。

　また、直近1年に退去した人数と退去理由も記されています。退去先が「自宅」なのか、「他の施設」なのか、それとも「死亡」したのかがわかります。

　さらに、「**入居率**」の欄も見落とさないようにしましょう。8割を割っている場合は、その理由を聞いてください。

■ 利用料金について詳細を確認する

　有料老人ホームの支払い方法は、P172で説明した通り一時金が必要なケース、不要なケース、さらに選択できるケースがあるため、非常に複雑です。

　右下の図の「**利用料金の支払い方法**」の欄を見ると詳細を確認することができます。年齢によって料金を分けているかどうかもチェックできます。また、入居中に入院した場合の利用料金の取り扱いについての欄もあります。将来的に利用料金が改定される場合の条件についてもおさえておきましょう。

　料金にかかわることは、契約の際にあらためて説明を受けることになりますが、見学や体験入居と並行して理解を深めておきたいものです。

重要事項説明書の「入居者」欄の例

年齢別・介護度別入居者数	年齢 \ 介護度	自立	要支援1	要支援2	要介護1	要介護2	要介護3	要介護4	要介護5
	65歳未満								
	65歳以上75歳未満								
	75歳以上85歳未満								
	85歳以上								
	合計								

男女別入居者数	男性	人	女性	人
平均年齢			歳	
入居率(一時的に不在となっている人も含む)	定員	人に対して	%	

※「入居率は？」

直近1年間に退去した者の人数と理由	理由 \ 介護度	自立	要支援1	要支援2	要介護1	要介護2	要介護3	要介護4	要介護5
	自宅等								
	介護老人福祉施設(特養等)へ転居								
	老人保健施設へ転居								
	他の有料老人ホームへ転居								
	医療機関(入院)								
	死亡								
	その他								
	合計								

※「退去の理由は？」「1年間の退去者数は？」

入居継続期間とその人数	入居期間	6か月未満	6か月以上1年未満	1年以上5年未満	5年以上	合計
	入居者数					

「重要事項説明書」の「利用料金」欄の例

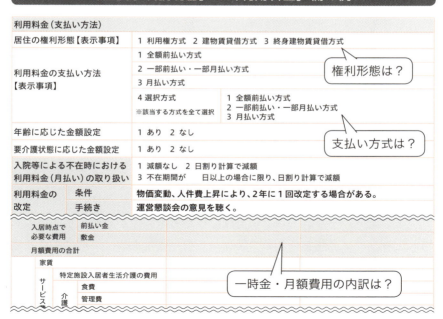

※「権利形態は？」「支払い方式は？」「一時金・月額費用の内訳は？」

契約前に確認しておくこと ⑦

05 契約に必要な身元引受人・保証人

入院時の保証人と違って、対応が長期にわたる可能性があります。役割を確認した上で、誰が適任か考えてみましょう。

■ 何かのときは責任を持って迅速な対応が必要

　施設へ入居する際に、施設側から「**身元引受人**」を求められます。「身元保証人」となっているところもあります。いずれにしろ、入居契約書には「**身元引受人の権利義務**」という項目があり、通常、「連帯して債務を負う者」と規定され、その者は契約書に署名捺印することになります。子どもがいる場合は、子が担うことが一般的です。1名ではなく、2名必要とするところもあります。

　支払いが滞った場合の金銭保証のほか、疾病・入院などで緊急に相談対応が必要になった場合、医療処置の判断などを代行する役割があります。死亡時には遺体の引き取りを行う責任もあります。

　要するに、施設側からすると、「**何かのときには、責任を持って迅速に対応してください**」ということです。身元引受人と連帯保証人を分けているところもあります。

■ 子が複数いる場合は全員で責任を持つ

　子が複数いる場合は、「誰が身元引受人になるか」を相談しましょう。入院時の保証人と違い、対応が長期にわたる可能性があります。署名捺印した者だけが責任を負うのではなく、何かのときには**一緒に考える姿勢**が必要です。親の判断能力が低下した際には、誰がその資産管理をするのかなども含めて相談しておかないとトラブルの元になります。

　高齢者の寿命は延びており、親よりも子が先に亡くなるような事態も

180

想定できます。親族間で、契約内容、費用のことは風通しよくしておくことをお勧めします。

　何らかの事情で、子が保証人になれない場合、身元保証を行うサービスを提供する企業があります。また、サービス付き高齢者向け住宅では、連帯保証人を立てられない場合に一般財団法人高齢者住宅財団の「**家賃債務保証制度**」（下表）を利用できるケースもあります。

身元引受人の役割

1. 入院時の対応協力
2. 医療処置に対する同意
3. 施設利用料などの支払い責任
4. 死亡時の遺体および遺品の引き取り
5. その他緊急連絡対応、契約解除などの相談対応

> 子が複数いる場合は、捺印した者以外も一緒に考え、責任を持ちましょう

家賃債務保証制度とは

家賃債務などを保証し、連帯保証人の役割を担うことで、賃貸住宅への入居を支援する制度

対象世帯	60歳以上の人、または要介護・要支援認定を受けている60歳未満の人など
保証対象	(1) 滞納家賃（共益費・管理費を含む） (2) 原状回復費用および訴訟費用
保証料	2年間の保証の場合、月額家賃の35％（最低保証料：10,000円）

06 入居一時金は「クーリングオフ」ができる

入居後90日以内であれば申請できるクーリングオフ。入居一時金を支払う際は、制度の有無を確認しましょう。

■ 入居一時金のほぼ全額を返金

　有料老人ホームなどに入居する際に前払いとなる入居一時金。高額であるほど、「もし、施設に馴染めなかったらどうしよう……」と不安になります。実際、すぐに退去することになった際や、入居後わずかの期間で死亡した際などのトラブルが頻発していました。

　そのため、「90日以内の契約解除に伴う一時金の返還（**クーリングオフ／90日ルール**）」が法制化されています。施設との契約では「**短期解約特例制度**」という名目になっています。入居日から3か月以内の退去や死亡の場合、入居一時金から現に居住した期間の家賃分と居室の原状回復費を除いた、**ほぼ全額が戻ってくる**ことになります。

　例えば、「退去の申し出は1か月以内に行う」という契約内容であっても、入居から89日目に口頭で退去の申し出をした場合には、「90日ルール」は適用されます。

■ 入居後90日以内に見極めることが大切

　法律があるからと油断せず、契約時には短期解約特例制度の条項をしっかり確認しましょう（その他、右表のチェックをお忘れなく）。

　もし、90日を過ぎてしまいクーリングオフが適用されない場合でも、償却されていない分の支払ったお金は戻ってきます。ただし、90日前と後では戻ってくる額の違いは大きいので、親が入居後に馴染めない様子だとかサービスへの不満が大きい場合、「90日」を期限と考えて退去

を検討するといいでしょう。つまり、**有料老人ホームの見極めは90日以内に行う**べきだといえます。

契約トラブル防止のチェックリスト

入居後のお金に関するトラブルを防止するために下記が明記されているか要確認！

	チェック項目	関連ページ
☐	次の書類を入手！ ☐入居契約書　☐重要事項説明書　☐サービス料金表	P188
☐	入居申込金を支払う場合、キャンセル時の返金額は？	P144
☐	利用料の支払い方式は？ ☐全額前払い　☐月払い　☐一部前払い・一部月払い ☐選択可	P172
☐	前払い方式の場合、その算定根拠は？	P108
☐	前払い方式の場合、初期償却率、償却期間、償却開始日は？	P108
☐	前払い金の保全措置はとられているか？ 具体的な保全方法の記載は？	P186
☐	クーリングオフ（短期解約特例）について明記されているか？	P182
☐	クーリングオフの起算日、前払い金から差し引かれる費用と計算方法は？	P182
☐	クーリングオフは死亡時にも適用されるか？	P182
☐	退去時の現状回復費用の負担の有無とその基準は？	P199
☐	月額利用料の金額と内訳（家賃・食費・管理費など）は明記されているか？	P178
☐	月額利用料の改定について示されているか？	P178
☐	月額利用料に含まれない実費負担費用・オプションの内容は示されているか？	P111

出典：「有料老人ホーム契約トラブル防止のチェックポイント」2011年、東京都 より作成

7

契約前に確認しておくこと

07 骨折などのケガに対する施設の賠償責任を確認

施設に入居しても、ケガと無縁になるわけではありません。
もしものとき、治療費はどちらが負担するのでしょう？

■ 施設には安全に配慮する義務がある

「施設での生活は、自宅での生活よりも安心」と考える人が多いと思います。けれども、実際には施設内で事故が起こることは珍しくありません。転倒、ベッドや車いすからの転落による骨折はよく聞きますし、食中毒などが起きることもあるでしょう。実際、2017年度の1年間に、全国の特別養護老人ホームと老人保健施設で事故により死亡した入居者が、少なくとも1,547人いたとの厚生労働省の調査結果も報道されています。

入居者がケガなどをした場合、**予見可能な事故**によるものなのか、**不可抗力による事故**が原因なのかに分けて考える必要があります。

例えば、入居者が「体調が悪い」と言っているのにレクリエーションへの参加を促し、転倒してケガをした場合は施設側の責任だといえるでしょう。一方、普段と変わりなく自分で歩行していた入居者が、うっかり廊下で転倒してケガをした場合は、個人の責任といえるかもしれません。

施設の職員も24時間、そばで見守っているわけではないので、不可抗力の事故は起きてしまうのです。

■ 事故対応は「重要事項説明書」で確認

事故が起きた際の対応については、重要事項説明書に記載されているはずですので、事前に読んでおきましょう。**損害賠償責任保険**への加入状況についても記載されています。

実際に事故が起きた場合には、**当日の記録**（提供した介護内容を記した記録）を見せてもらい、事故が起きた経緯について説明を求めてください。その事故に対する賠償責任の有無も大切ですが、同じような事故を繰り返さないための対策を聞くことも重要です。

　説明に納得できない場合は、同じく重要事項説明書に書かれている「**苦情の窓口**」に相談しましょう。

　日ごろから施設職員とコミュニケーションを確保できていると、こうしたトラブルが起きたときにもざっくばらんな話をしやすいものです。入居後は、P204で説明する「運営懇談会」などに参加したいものです。

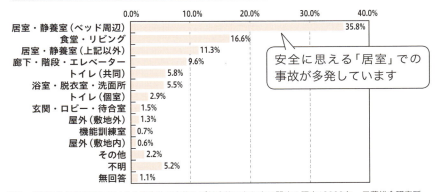

全国の高齢者介護施設における事故の発生場所

発生場所	割合
居室・静養室（ベッド周辺）	35.8%
食堂・リビング	16.6%
居室・静養室（上記以外）	11.3%
廊下・階段・エレベーター	9.6%
トイレ（共同）	5.8%
浴室・脱衣室・洗面所	5.5%
トイレ（個室）	2.9%
玄関・ロビー・待合室	1.5%
屋外（敷地外）	1.3%
機能訓練室	0.7%
屋外（敷地内）	0.6%
その他	2.2%
不明	5.2%
無回答	1.1%

安全に思える「居室」での事故が多発しています

出典：「高齢者介護施設における介護事故の実態及び対応策のあり方に関する調査」2008年、三菱総合研究所

高齢者施設でのクレームや苦情を訴える窓口

- 施設内の苦情対応責任者や第三者委員会
- 市区町村の役所の介護保険担当窓口
- 都道府県国民健康保険団体連合会の担当窓口
- 都道府県社会福祉協議会の運営適正化委員会

各機関に相談すると、本人の意向を確かめた上で事情調査を行い、解決に向けた助言、両者の話し合いの場の設定が行われます

08 有料老人ホーム倒産に備えた「一時金の保全措置」とは?

高齢者向けサービスの市場が広がる一方で、現場職員の確保や資金面などで課題を抱える事業者も増えています。

■ 民間施設には倒産のリスクがある

民間の会社には**倒産リスク**があることを理解しましょう。当然ながら、介護関連の事業者も例外ではありません。

帝国データバンクの報告によると、2018年の老人福祉事業者の倒産は83件でした。そのうちの大半は訪問介護(在宅介護)サービス事業者、通所介護サービス(デイサービス)事業者です。「老人ホーム」が10件、「高齢者専用住宅」と「グループホーム」が各2件です。法人格別に見ると、「株式会社」(52件、構成比66.7%)が最も多くなっています。

■ 倒産時も上限500万円までが保全される制度

近年のこのような状況を受け、**500万円を上限**に入居一時金の一定額(まだ住んでいない分の家賃)が保全される「**一時金の保全措置**」が義務づけられています(2018年の老人福祉法改正により、2021年4月1日以降の新規入居者については、すべての有料老人ホームが対象に)。契約時には右下の図のような一文があるか確認してください。

公益社団法人全国有料老人ホーム協会に加盟している有料老人ホームの場合は、「**入居者生活保証制度**」に加入しており、仮に返却不能となった場合も、協会から200〜500万円の7段階で保証されます。

この制度を利用するには、入居者と事業者との間で「**入居契約追加特約書**」を締結します。事業者より拠出金として、入居者1人あたり20万円(満80歳以上は13万円)を協会に支払います。

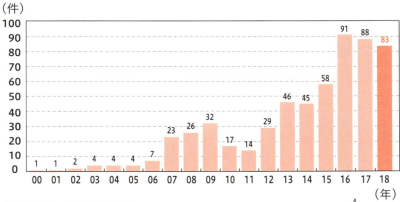

老人福祉事業者の倒産件数（2000～2018年）

出典：帝国データバンク、2019年

> 2018年の83件のうち、高齢者向け住宅や施設は計14件です。今後もリスクは高まる傾向、と分析されています

「一時金の保全措置」についての記載例

当社は、老人福祉法および厚生労働省令等に基づく一時金の保全に関し、〇〇信託銀行との信託契約に基づき保全措置を講じております。同信託銀行は、下記保全金額を信託財産として管理し、所定の事由により本物件の運営が困難になった場合には、信託財産の範囲内で保全金額の返還を行います。

保全金額：入居一時金の返戻金計算式により算出した返還金の合計額または500万円のいずれか低い額

> 保全措置について契約書に書かれている文章の一例です。記載がない場合は確認しましょう

09 入居にあたっての面談・契約時の注意点

契約書にサインするということは、「納得した」という証拠になります。書類を1点ずつ慎重に確認しましょう。

■「面談」は施設が入居者を見定める場

　納得できる施設が見つかったら、契約の前に、施設側からの「**面談**」があります。親本人が入院中などの理由で施設に出向くのが難しい場合は、通常、施設側から親に会いに来てくれます。施設見学が入居者側から施設を見定める機会なのに対して、面談は**施設側が入居希望者を見定める機会**だと考えましょう。

　施設長やケアマネジャーらが心身の状況などを確認し、入居してからの生活が支障なく行えるかが判断されます。P180で説明した**身元引受人も立ち会う**必要があります。

　施設側のための面談とはいえ、せっかく皆で顔を合わせる機会です。安心して親のことをお願いできる場であるか、運営者であるか、**しっかり見定め**ましょう。入居が許可されると想定して、入居が可能となる日程の確認も行います。

■ 親の署名捺印を子が代理署名するケースも

　面談の結果は、数日内に電話や書面で連絡がくるでしょう。入居の許可がおりれば契約日を決めます。

　契約で交わす主な書類は右の通りです。まず、重要事項の説明を受けて、同意した後に**署名捺印**することになります。通常、**契約者は入居者本人**ですが、本人の心身状態によっては署名捺印することが難しい場合もあるでしょう。その場合、成年後見人を立てているなら後見人が、後

見人を立てていないなら家族が代行することが一般的です。

　在宅介護が難しくなった場合に施設介護を行うことについて、親子で意思確認できていないまま親の署名を代行するとなったとき、子にとって苦しい判断となります。病気になった際の治療法の判断などにも通じることですが、ある程度親の判断力のあるうちに、親子で介護の方法について話し合う機会を持ちたいものです。

■ もらった資料は残しておく

　契約書にサインするということは、その契約内容を理解して**納得したという証拠**になります。後から「それは聞いていない」と言っても、通りません。

　後にトラブルが発生することもあるかもしれないので、契約時にもらった書類などは**すべて大切に保管**しておいてください。

契約関連の書類

入居申込書	入居する意思を記した書類。住所や家族などの情報を記入するようになっている	契約書が2点のケースもあります。 1. 施設への入居契約書 2. 介護保険サービスの利用契約書 契約書の内容について不明な点は、必ず施設に聞きましょう
入居契約書	施設と入居者の間の権利と義務などについて具体的に記載した書類。「文書による契約」が義務化されている	
重要事項説明書	契約先の事業主体についての概要、各種サービス内容、料金、職員体制等についてまとめた書類	
管理規程	施設の管理についての規定と利用上の条件についてまとめた書類	

コラム❽

施設に過度の期待は禁物

　施設に入居することは、「至れり尽くせりで介護がなされ、快適な暮らしが約束されること」だと考えていませんか？　職員がにこやかに24時間体制で介護をしてくれる——。残念ながら、それは幻想です。

　たとえ「24時間体制」であっても、当然ながらマンツーマンのケアが行われるわけではありません。特に、夜間は手薄となります。必ずしも、親が満足できる環境とは限りません。施設に入居しても、「床ズレができてしまった」などということもあるわけです。

　施設職員から、「床ズレができてしまって、治療をさせていただきました」と言われたとき、「ありがとうございます」と頭を下げるだけでなく、「今後、床ズレができないよう、どのように対策してくださるのですか？」と、問う必要もあるでしょう。その後は、家族の目で様子を確認して、親が自ら施設側に言えないことは代弁します。

　在宅の介護でもいえることですが、「100％の安心快適な生活」など存在しないと考えましょう。それに、もし逆に職員が何でもかんでもしてくれたら、それは親が自分でできることをできなくしてしまうことにつながる可能性もあります。

　「施設介護」を選ぶことは、親子のかかわりを断つことではなく、新たな向き合いが始まることだと考えましょう。

chapter

8

親が入居した後で、子がやること・考えること

親が無事に施設に入居できた——ほっと一息つきたくなりますが、「入居＝介護の終わり」ではありません。親のところへ通うことは続きますし、入居先の施設職員との交流も新たに始まります。施設介護に移行してから、子がやること、考えることをおさえておきましょう。

01 施設入居後も「通い介護」で親を支える

施設に入居したからといって、親とのかかわりが終了するわけではありません。通いでの介護は続きます。

■「施設入居＝介護の終了」ではない

　これぞという施設が見つかったり、待機していた施設の空きが出たりしたとき、「なんともさみしい気持ちになった」という子の声をよく聞きます。涙があふれて、施設入居の撤回を検討したと話す子もいました。実際、特別養護老人ホームの入居の順番が来ても、辞退する家族は珍しくありません。

　親が家を離れたくない様子だとなおさらです。「もうちょっと、在宅介護をしたほうがいいのでは……」「自分の手で看てあげたい」という気持ちになるのも理解できます。

　しかし、いろいろな事情を勘案して始めた施設探しだったのではないでしょうか。親が施設に入るからといって、これで親子の縁が切れるわけでも、もう介護ができないわけでもありません。**施設に通って、その生活をサポート**することはいくらでもできます。負担が軽減するので、これまで以上に親に**笑顔で接する**ことができるでしょう。

　中には、「自分で親の介護をやりたい」と考え、仕事を辞める子も一定数います。その気持ちを否定するつもりはありませんが、子は親より長く生きなければなりません。自身の生活設計に問題はないのでしょうか。自身が仕事を辞めるくらいなら、「施設介護」にしたほうがいいという判断は間違っていない……と思うのです。

■ 定期的な「通い」は続く

もともと離れて暮らしており、親の自宅近くの施設に決定した場合は、これからも**通い介護は続く**のだと理解しましょう。これまで同居だった場合は、**別居介護の始まり**です。

親の具合が悪いときには施設から電話がかかってきますし、その際には駆けつけることも必要です。ケガや病気により入院することもあります。何より、親は子が来ることを心待ちにしています。自宅にいたときと同じように、定期的に親の様子を見に行き、その際には、親の自宅に連れて帰って一緒に過ごすという子もいます（一方で、「里心がつくので、連れて帰るのはかわいそう」という子も）。

介護を機に離職をした理由トップ5

自身が「介護」に専念したくて離職したのは男性20％、女性22％

1. 仕事と「手助け・介護」の両立が難しい職場だったため
2. 自分の心身の健康状態が悪化したため
3. 自身の希望として「手助け・介護」に専念したかったため
4. 施設へ入居できず「手助け・介護」の負担が増えたため
5. 自分自身で「手助け・介護」するとサービスなどの利用料を軽減できるため

出典：「仕事と介護の両立に関する労働者アンケート調査」2012年、三菱UFJリサーチ＆コンサルティング（厚生労働省委託事業）

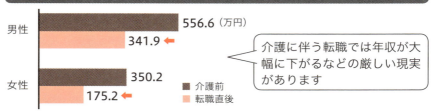

介護転職者の年収の変化（介護開始前と転職直後）

男性　介護前 556.6（万円）　転職直後 341.9
女性　介護前 350.2　転職直後 175.2

介護に伴う転職では年収が大幅に下がるなどの厳しい現実があります

出典：「仕事と介護の両立と介護離職に関する調査結果」2014年、明治安田生活福祉研究所

02 親が「家に帰りたい」と言い出したら……

施設での生活に慣れるには時間がかかります。一方で、施設での人間関係のイザコザや虐待などもあります。

■ 多かれ少なかれ親は「家に帰りたい」と訴える

　施設に入居した親から「**家に帰りたい、いつ帰れるの？**」と聞かれることがあるでしょう。そのたびに、「そうだね、帰りたいね。でも一人で家に帰ることは難しいんだよ」と相槌を打つという子がいました。時間の経過とともに、そこでの生活に慣れる親もいれば、いつまでも慣れず、会いに行くたびに「帰りたい」と訴える親もいます。

　妙案はないものの、**なるべく顔を見せて安心してもらう**しかありません。行った際に、カレンダーに「次はこの日にくるから」と〇をつけておく（約束は守る！）と、多少なりとも親が安心してくれることもあるようです。

■ 施設側に不適切な対応がないか目を光らせる

　一方、親が帰りたがっている理由が、施設側の対応によるものではないか、確認しておくことは重要です。入居者同士の**人間関係**がうまくいかないことはしばしば起こります。「いじめ」のようなことがある場合もあるでしょう。こうしたイザコザに対応するのも職員の仕事です。

　中には、仲裁どころか職員による**入居者への虐待**も右表の通り増加しています。親の話をしっかり聞き、体のどこかを痛がっているようなら、衣類の下を確認してみましょう。職員と親の対話に耳を傾け、不審に思うことがあれば、率直に施設側に質問することも必要です。「うるさい家族」「クレーマー家族」となることは避けたいですが、「**離れていても**

しっかり見ている子」の存在を感じておいてもらうほうがいいと思います。ただし、目を光らせるだけでなく、感謝の言葉かけも忘れずに。

もし、気がかりなことがあれば施設長などにしっかり訴えてください。**苦情の窓口**に相談してもいいでしょう（P185）。改善される様子がなければ、親の命と尊厳を守るために、**迅速に退去**を選ばざるを得ないこともあると思います。

施設での安易な身体拘束も「虐待」

- ベルトや柵、ひもなどによる行動制限
- 介護衣（つなぎ服）やミトン型手袋の使用
- 立ち上がりを妨げるような椅子の使用
- 向精神薬などの過剰投与
- 鍵付きの居室などへの隔離

> 身体拘束は筋力低下、意欲の低下や、認知症の進行につながるケースも

※緊急でやむを得ない場合を除きます

施設での高齢者虐待の推移

介護型施設などの職員による「虐待」件数は、平成28年度で452件で、年々増加しています

出典：「平成28年度『高齢者虐待の防止、高齢者の養護者に対する支援等に関する法律』に基づく対応状況等に関する調査結果」厚生労働省

03 本人の判断力低下に備えたお金の管理方法を検討

親の判断力が低下したら？ 事前に話し合って、いざというときに親のお金を入出金できるようにしておけば安心です。

■ お金はあるのに「引き出せない」？

　今のところ認知症などもなく判断力がしっかりしていれば、施設入居にあたっての費用面についても親自身がきちんと管理できると思います。しかし、将来のことはわかりません。急に判断力が低下したり、意思疎通を取れない事態に陥ることも……。

　入居後、月額利用料は自動引き落としで支払われるとしても、入院するような事態が起これば別途お金が必要です。親に代わって親の口座から出金できないと困ることになります。

　本人確認が厳密に行われる昨今です。親の通帳と印鑑を銀行に持参しても、親のお金を引き出すことはできません。**委任状**がなければ、**お金はあっても、引き出せない**という事態に陥ります。

　在宅で介護している際にもいえることですが、委任状を書けない事態も想定し、親と話し合って**キャッシュカード**を作ってもらい、**暗証番号**を聞いておくなどの事前の対策が欠かせません（強引に聞くことは法に触れます。親子のコミュニケーションがスムーズであってこそ聞けることです）。

■ 成年後見制度の利用が必要となるケースも

　親のお金の情報を知らないまま、親との意思疎通が取れなくなってしまったら？　在宅以上にお金のかかる施設での生活では、親の自宅の売却が必要になることもあります。

制度に関する詳細は専門の書籍にまかせますが、「**成年後見制度**」や「**家族信託**」などが有効となるケースもあります。また、現状、お金の管理は「あくまで自分で」と強い信念を持つ親には、「**任意後見制度**」について情報提供をしてみることも一案です。

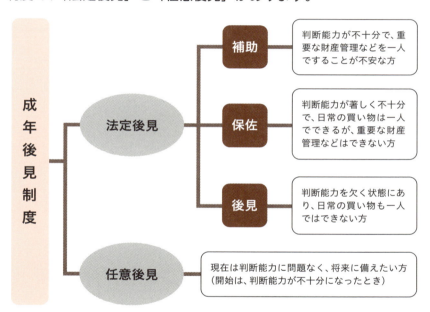

04 強制退去となるのはどんな場合？

入居した施設から退去を求められることがあります。あわてないように、事前の心積もりが必要です。

■ 通常、医療依存度が上がると退去

親が暮らしている施設から「退去してほしい」と求められることがあります。どのような理由が多いでしょうか。

まず第一は、**継続的な医療行為が必要**となったときです。通常、施設には医師や看護師が24時間体制では配置されていないので、対応することができないのです。また、**長期入院**した際に退去となるところもあります。特別養護老人ホーム（特養）では3か月以上の入院では退居が基本です。施設ごとに規定があるので事前に確認しておきましょう。

第二に認知症の悪化などで同施設内の**入居者とトラブルを頻繁に起こす**場合も退去要件となる場合があります。第三は月々の支払いができなくなり**滞納**した場合です。

■ 施設側の都合で退去となるケースも

第四の理由として、**施設が閉鎖または縮小**するような事態が起きた場合、契約終了の30日前までに文書で通知され、契約の終了を迎えるという流れが一般的です。契約書に書かれているはずなので、内容を確認しましょう。実際、倒産などで閉鎖となった施設の入居者が他の施設や特養などに住み替える事態に陥ったケースを見聞きすることがあります。

その他、介護保険施設では、第五の理由として、状態がよくなり**介護度が低くなった**場合に退去を求められることがあります。

退去時には「原状回復費用」が必要

　強制退去であれ、自らの退去であれ、退居するときに思いがけない費用負担が生じることがあります。「**原状回復費用**」と呼ばれるものです。

　原状回復費用とは、入居していた部屋をもとの状態に戻すための費用です。通常の使い方で、年月を経たことによる壁紙や畳の汚れなどは施設側の負担になり、故意・過失によって生じたもののみ入居者が負担することになります。また、別途設置したドアや棚などの撤去費用、それに伴う壁紙の貼り換えなども入居者の負担となることが一般的です。

施設から退去を求められるケース

1 継続した医療行為が必要になったり、長期入院した場合

2 施設内で周囲とのトラブルが増加した場合

3 月々の利用料を滞納した場合

4 施設が閉鎖あるいは縮小した場合

5 特養など介護保険施設では介護度が低くなった場合

> 介護度が低くなり「退去」を求められたら、担当のケアマネジャーに「区分変更」の申請を依頼しましょう。次の更新を待たずに認定調査する方法です

05 施設での暮らしに必要なケアプランの作成に参加する

施設で介護を受ける場合には、ケアプランが作成されます。「おまかせします」ではなく、作成に参加するつもりで。

■ ケアプランは家族も一緒に作るもの

　在宅で介護保険のサービスを利用する場合に、ケアマネジャーにケアプランを作成してもらうのと同じように、施設入居後も、ケアプランが作られることになります。介護保険施設、特定施設では「**施設サービス計画書**」と呼びます。

　介護型の施設であれば、施設に所属するケアマネジャーが、住宅型であれば、在宅のときと同じように居宅介護支援事業所のケアマネジャーが作成します。まず、入居者に直接会って**アセスメント（課題評価）**を行います。身体機能や精神状態、認知症の有無、病気の有無などについて情報収集し、その上でこれからどのような介助が必要かを検討してケアプランに反映させます。

　できあがったケアプランは、本人または家族に説明されます。「おまかせします」という対応ではなく、しっかり説明を受けて、**疑問な点や要望を伝える**ようにしましょう。

■ ターミナルケアプランには家族の協力が必須

　詳しくは次項で説明しますが、看取りまで行う施設では、医師による診断（医学的に回復の見込みがないという判断）がなされると、次項で説明する「看取り指針」に従い「**ターミナルケアプラン（看取り介護計画書）**」が作成されます。そのケアに携わる管理者、生活相談員、ケアマネジャー、介護職員、看護師、栄養士らが協働して作成、実施します。

週に1回以上、本人または家族への説明があり、同意の上で、必要に応じた修正が行われます。

　このときは、親本人の判断力が衰えている場合が多いと思います。どうしてあげるべきか、家族がしっかり参加して代わりに判断しましょう。

ケアプラン（施設サービス計画書）とは

施設側が提供するサービスの種類や内容が記入されたもので、ケアマネジャーが作成します。

| 第1表 | 施設サービス計画書（1） | 作成日 | 年 | 月 | 日 |

初回・紹介・継続　　認定済・申請中

入居者名　　　　　様　生年月日　年　月　日　　住所
施設サービス計画作成者氏名
施設サービス計画作成介護保険施設名・所在地
施設サービス計画作成（変更）日　　　　　初回施設サービス計画作成日
認定日　年　月　日　認定の有効期間　年　月　日　～　年　月　日

| 要介護状態区分 | 要支援1・要支援2・要介護1・要介護2・要介護3・要介護4・要介護5 |

| 利用者及びご家族の意向 | |

施設サービス計画書（2）

入居者名　　　　様　第2表　　　　　　　　　　作成年月日　年　月　日

生活全般の解決すべき課題（ニーズ）	援助目標				援助内容					
	長期目標	（期間）	短期目標	（期間）	サービス内容	※1	サービス種別	※2	頻度	期間

ケアプランが作成されたら「おまかせします」ではなく、疑問点は確認し、要望は伝えましょう

8　親が入居した後で、子がやること・考えること

201

06 「看取り」についての意思表示をしておく

施設での「看取り」を希望する場合は、指針の有無と実績を確認しておきましょう。

■「看取り指針」の有無を確認

　高齢者施設を探す際に、親の「**看取りを行う**」ことを条件として検討する子は多いでしょう。実際にどのような最期になるかはわからないものの、死期が迫った際に退去となると大変だからです。病院でも長期入院をさせてもらえないケースが多いため、行き場がなくなることも想定されます。

　介護保険には、「**看取り介護加算**」と呼ばれる看取りを行うと支払われる報酬があります。加算の条件として、常勤看護師の配置や職員研修、看取るための個室の整備などが必要であり、また「**看取り指針**」も必須です。その内容は、契約時に説明されます。その上で、最期を迎えたい場所や救急搬送時の意向を意思表示しておきます。実際に「医学的に回復の見込みがない」と診断された時点で、あらためて、施設で最期を迎えるかどうかの意思確認が行われることになります。

　右の表は宮崎県日南市・串間市で調査された結果です。本書で紹介した種類の施設については、看取りについて対応しているところが多いことがわかります。

■ 看取りには医師との連携が不可欠

　看取りに関しては医師との連携が不可欠だといえるでしょう。看取り対応を行っている施設でも、土日祝日、夜間などの医師不在時の対応について困っているところは多いようです。P62の医療体制、あるいは前

項の医療依存度による強制退去とも連動していることですが、「**看取り
まで行います**」と施設側がいい、その指針もしっかりしているところは、
ある程度**医療体制が充実**している目安になるといっていいでしょう。

　見学に行った際、施設長やケアマネジャーと話す中で確認しましょう。
これまでの看取り実績についても聞いてみてください。

施設形態別看取り実施数（日南市・串間市の場合）

	回答 （施設数）	看取り実施 （施設数）	看取り実施率 （％）
有料老人ホーム	30	16	53.3
サ高住（※1）	2	1	50.0
軽費老人ホーム	2	0	0
グループホーム	8	4	50.0
介護老人保健施設	5	3	60.0
特別養護老人ホーム	8	5	62.5
小規模多機能（※2）	2	1	50.0
養護老人ホーム	5	0	0
全体	62	30	48.4

※1 サービス付き高齢者向け住宅　※2 小規模多機能型居宅介護支援事業所
　　（アンケート集計期間：平成28年12月16日〜平成29年1月26日）

出典：「高齢者施設における看取りの実態調査を行っての考察」幡手晶子、後藤由佳、又木真由美、相馬宏敏

07 施設職員と良好な関係を築く

懇談会や家族会など、入居してからも施設へ意見を言う場は用意されています。職員との交流も忘れずに。

■「運営懇談会」や「家族会」に参加しよう

　親が施設に入居してからも、右下のような子の役割を担いたいものです。通常、有料老人ホームや特定施設では「**運営懇談会**」を開いています。これは定期的に施設が主催して入居者本人や家族を集め、入居者の現状、課題、施設での取り組みなどを報告するものです。それに対して、入居者や家族は意見を発することができます。

　特別養護老人ホームなどでも、入居者の家族で「**家族会**」を組織して、懇談会を開くところが多いです。開催回数や内容は施設ごとに違いはありますが、開催通知が届いたら、**なるべく参加**しましょう。**職員と交流する貴重な機会**となります。また、同じようにその施設で生活する入居者の子とも知り合えるチャンスです。悩みや心配ごとを共有することもできるでしょう。

■ 感謝の言葉も忘れずに

　職員にとって、自身の行っていることが評価されているとわかれば、それは仕事のやりがいにつながり、喜びにもなるでしょう。懇談会では問題点ばかりを指摘するのではなく、親が喜んでいることや、満足していることなど、プラス面での気づきや**感謝の言葉**も率直に伝えるようにしたいものです。懇談会や家族会以外の場でも、「親も喜んでいます。ありがとうございます」というメッセージを投げかけることは、良好な人間関係の構築につながります。

「**職員の名前を覚えて、『○○さん』と苗字で呼ぶようにしている**」という子もいました。それも一案でしょう。

懇談会のほか、P164でも紹介したように季節のイベントに招かれることもあります。親を通して施設の職員と交流を持つことで、日々のケアの質が向上することもあるだろうと思います。

「運営懇談会」の目的

施設側から入居者・家族に	入居者・家族側から施設に
入居者の状況、サービス提供の状況および管理費、食費などの収支の内容などを報告	施設運営での要望や改善点、意見を伝える

↓

入居者・家族側と施設側が連携して、入居者のよりよい暮らしとケアを目指す

親が施設に入居した後の子の役割

①精神的ケア	面会に行き、親の愚痴や不満、要望を聞く。心身の状況に変化がないかの確認も行う
②施設との窓口	親の心身状態に変化がある場合、何らかの不満や要望がある場合は、代わって施設に伝える。ケアプラン作成や、懇談会に参加するほか、緊急時に対応することも必要
③金銭管理	親本人でのお金の管理が難しくなった場合には、代わって管理する必要が生じる。親が居室で保管する金額についても相談して決める

205

コラム⑨

「施設介護」は親不孝ではない

親の施設入居を検討する際に、「罪悪感」を抱くという子はとても多いです。若い世代はわかりませんが、現在の40代半ば以降は「親の介護は子がするべき」という考えがあるのではないかと思います。

それが大前提であるから、「施設介護」に対して罪の意識を感じるのではないでしょうか。「親／施設／罪悪感」の３つのキーワードでインターネット検索をしてみると、たくさん出てきて驚くかもしれません。

けれども、「施設介護」は、罪でもなければ親不孝なことでもありません。プロによる入浴やトイレの介助は安定感があったり、家族よりも遠慮をしなくて済んだりする場合もあります。「いつも誰かがそばにいる」ということが心の安定につながることもあるでしょう。

親戚などから、「施設に入れるなんて、かわいそうだ」とか、「仕事と親とどちらが大切なのだ」などと言われ、罪悪感が増大することもあるかもしれません。確かに、そういうことを言う人はどこにでも１人や２人はいますが、その言葉の深い意味を探る必要はありません。多くは、考え抜いて発せられた言葉ではなく、紋切り型の言葉ですから……。無視すればいいのです。

このまま在宅介護を継続して、しっかりとした介護ができますか？　どう考えても難しく、その上、介護者までもが倒れそうなのであれば、決断のときです。

施設介護に移行したいのに、デメリットばかりが頭に渦巻き始めたら、それらは一旦横に置いておき、「在宅介護を続けた場合のデメリット」を数えてみることをお勧めします。

巻末資料

巻末資料 ❶　介護保険サービスの手続き

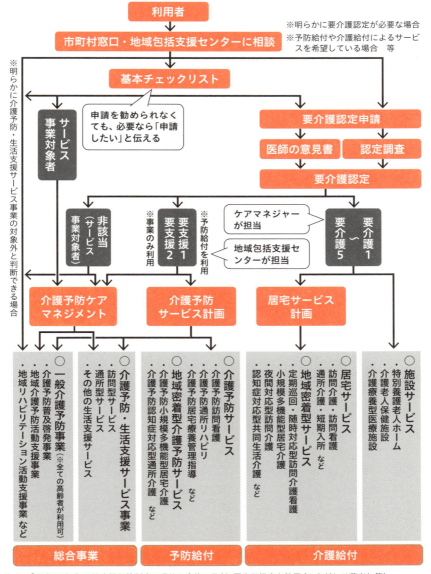

出典：「平成30年度 公的介護保険制度の現状と今後の役割」厚生労働省老健局（ふきだしは著者加筆）

巻末資料 ❷ 介護保険サービス一覧

	サービス名	内容
訪問	訪問介護（ホームヘルプ）	ホームヘルパーによる身の回りの介護（食事・入浴・排せつなど）や生活援助を受ける
	訪問入浴介護	家庭を訪問する巡回入浴車で、入浴の介助を受ける
	訪問看護	家庭で看護師・保健師などから、療養上の介護や診療の補助を受ける
	訪問リハビリテーション	家庭で理学療法士・作業療法士からリハビリ指導を受ける
	居宅療養管理指導	家庭で医師・歯科医師・薬剤師などから療養上の管理・指導を受ける
通い	通所介護（デイサービス）	デイサービスセンターなどで、入浴・食事・機能訓練などを受ける
	通所リハビリテーション（デイケア）	老人保健施設や医療施設などで、機能訓練を受ける
	短期入所生活介護（福祉施設へのショートステイ）	特別養護老人ホームなどに短期間入居し、介護や機能訓練を受ける
	短期入所療養介護（医療施設へのショートステイ）	特別養護老人ホームなどに短期間入居し、医学的な管理のもと、介護や機能訓練を受ける
入居	介護老人福祉施設（特別養護老人ホーム）	常時介護が必要で、自宅での生活が困難な人に、介護や機能訓練、療養上の世話を行う施設
	介護老人保健施設（老人保健施設）	病状の安定した人に、看護やリハビリを中心とした医療ケアと介護を行う施設
	介護療養型医療施設（療養病床）	長期にわたる療養や介護を行う医療施設
	介護医療院	医療機能と生活施設としての機能を兼ね備えた施設
その他	特定施設入居者生活介護	有料老人ホームなどに入居している人が、施設が提供する入浴・排せつ・食事などの介護や機能訓練を受ける
	福祉用具貸与（レンタル）	特殊ベッドや車いすなど、日常生活の自立を助けるための福祉用具を借りる
	福祉用具購入費の支給（特定福祉用具販売）	特殊尿器や入浴補助用具など、レンタルに馴染まない福祉用具の購入費の支給を受ける

	サービス名	内容
その他	住宅改修費の支給	手すりの設置や段差の解消など、住宅改修費の支給を受ける
	居宅介護支援（ケアプランの作成）	ケアマネジャーにケアプランを作成してもらう
地域密着型	訪問 / 定期巡回・随時対応型訪問介護看護（24時間対応）	24時間対応で緊急通報を受け、必要に応じて介護・看護スタッフが訪問。緊急時以外にも24時間体制で複数回の定期訪問を行う
	夜間対応型訪問介護	夜間も定期的に巡回し、利用者から通報があった場合はただちに介護・看護スタッフが訪問する
	通い / 認知症対応型通所介護（デイサービス）	認知症の高齢者が、デイサービスセンターなどに通い、入浴・食事・機能訓練などを受ける
	入居 / 認知症対応型共同生活介護（グループホーム）	認知症の高齢者が5～9人で共同生活を送りながら、食事・入浴などの介護や支援、機能訓練などを受ける施設。家庭的な雰囲気の中、各利用者が家事などの役割を持ち、認知症の症状進行の緩和と安全な生活を目指す
	地域密着型特定施設入居者生活介護（有料老人ホームが対象）	小規模（30人未満）の有料老人ホームに入居する高齢者が、入浴・食事・機能訓練や、療養上の世話を受ける
	地域密着型老人福祉施設入所者生活介護（特別養護老人ホームが対象）	小規模（30人未満）の特別養護老人ホームに入居する高齢者が、入浴・食事・機能訓練や、療養上の世話を受ける
	複合 / 小規模多機能型居宅介護	1つの事業所内で、「通い」を中心に「泊まり」「訪問」の3タイプを組み合わせて利用できる。利用料は要介護度ごとの定額制
	小規模型通所介護	小規模（18人以下）のデイサービスセンターなどに通い、入浴・食事・機能訓練などを受ける。地域密着型と通常の小規模多機能型事業所のサテライト型の2種類がある
	看護小規模多機能型居宅介護（複合型サービス）	訪問看護と小規模多機能型居宅介護を組み合わせたサービスが、1つの事業所から受けられる

巻末資料 ❸　高齢者施設を選ぶために知っておきたいお問い合わせ先、情報サイト

老人福祉施設全般	● 親の居住地の市区町村の高齢者福祉担当窓口、地域包括支援センター
特別養護老人ホーム	● NPO法人特養ホームを良くする市民の会 http://tokuyou.sakura.ne.jp/
老人保健施設	● 公益社団法人全国老人保健施設協会 http://www.roken.or.jp/
有料老人ホーム	● 公益社団法人全国有料老人ホーム協会 http://www.yurokyo.or.jp/
サービス付き高齢者向け住宅	● サービス付き高齢者向け住宅情報提供システム https://www.satsuki-jutaku.jp/
グループホーム	● 公益社団法人日本認知症グループホーム協会 http://ghkyo.or.jp/top/
小規模多機能型居宅介護施設	● 親の居住地の市区町村の高齢者福祉担当窓口、地域包括支援センター
シルバーハウジング	● UR都市機構 http://www.ur-net.go.jp/index.html
クーリングオフ	● 国民生活センター「消費者ホットライン」 188（局番なし）
消費生活トラブル	● 国民生活センター「消費者ホットライン」 188（局番なし） ● 親の居住地の社会福祉協議会の権利擁護担当窓口
マイホーム借上げ制度	● 一般社団法人移住・住みかえ支援機構（JTI） http://www.jt-i.jp/
世帯分離	● 居住地の市区町村の住民異動届出窓口
生活保護	● 親の居住地の福祉事務所
成年後見制度、高齢者の金銭管理	● 家庭裁判所、社会福祉協議会 （日常生活自立支援事業）
介護に関する総合的な情報・相談	● 親の居住地の市区町村の高齢者福祉担当窓口、地域包括支援センター ● WAM NET（ワムネット） http://www.wam.go.jp/
要介護認定	● 親の居住地の市区町村窓口、地域包括支援センター

居宅介護支援事業所、ケアマネジャー探し	● 親の居住地の市区町村の介護保険課、地域包括支援センター ● 介護事業所・生活関連情報検索（厚生労働省）http://www.kaigokensaku.mhlw.go.jp/
介護保険のサービス全般	● 親の居住地の市区町村の介護保険課 ● 担当ケアマネジャー、地域包括支援センター
認知症や介護の悩み相談	● 公益社団法人認知症の人と家族の会（電話相談）0120-294-456 （土日祝日除く毎日、10：00 〜 15：00、無料） ● 公益財団法人認知症予防財団「認知症110番」0120-654874 （祝日・年末年始除く月曜・木曜、10：00 〜 15：00、無料） ● 親の居住地の保健所、保健センター、精神保健福祉センター

巻末資料 ❹ 高額介護サービス利用の自己負担の上限額（月額）

対象者の区分		負担の上限（月額）
本人または世帯全員が住民税課税者	現役並み所得者	44,400円（世帯）
	一般所得者	44,400円（世帯） ※世帯の65歳以上全員の利用者負担割合が1割の場合、平成29年8月から3年間は年間の上限額446,400円
世帯全員が住民税非課税	下記以外	24,600円（世帯）
	年金収入80万円（年）以下など	24,600円（世帯） 15,000円（個人）
	生活保護受給者など	15,000円（個人）

巻末資料 ❺　介護保険施設の比較

	特別養護老人ホーム	老人保健施設	介護療養型医療施設
根拠法	老人福祉法・介護保険法	介護保険法	医療法・介護保険法
設置	地方自治体・社会福祉法人等	地方自治体・社会福祉法人・医療法人等	地方自治体・医療法人・社会福祉法人・医師(個人)等
特徴	介護・日常生活上の世話	介護・看護・機能訓練(リハビリテーション)	介護・看護・医学的管理
主な目的	長期の生活の場	リハビリと家庭復帰	医療ニーズへの対応
人員(入所者100人あたり)	医師(非常勤可):1人 看護師:　　　　3人 介護職員:　　　31人 栄養士:　　　　1人 機能訓練指導員:1人 ケアマネジャー:1人 その他 　　　生活相談員等	医師(常勤):　　1人 薬剤師:　　　　1人 看護師:　　　10人 介護職員:　　24人 理学療法士・作業療法士・言語聴覚士: 　　　いずれか1人 ケアマネジャー:1人 その他 支援相談員・薬剤師等	医師:3(うち常勤1)人 薬剤師:　　　　1人 看護師:　　　17人 介護職員:　　17人 理学療法士・作業療法士:　適当数 ケアマネジャー:1人 その他 　　薬剤師・栄養士等
設備(建物)	居室(1室4人以下):1人あたり床面積 　　　　10.65㎡以上 医務室　静養室　食堂　浴室　機能訓練室　面談室等 ＊小規模生活単位型 　(ユニット型) 居室(個室):床面積 　　　　10.65㎡以上 共同生活室等	療養室(1室4人以下):1人あたり床面積 　　　　8㎡以上 診察室　機能訓練室　談話室　食堂　浴室　レクリエーションルーム等	病室(1室4床以下):1人あたり床面積 　　　　6.4㎡以上 機能訓練室　談話室　食堂　浴室等
施設数※(定員数)	7,705か所 (530,280人)	4,241か所 (370,366人)	1,324か所 (59,106人)
平均要介護度※	3.91	3.23	4.36
平均在所日数※	1,284.5日	299.9日	491.6日

※厚生労働省「平成28年度介護サービス施設・事業所調査」(平成28年10月1日現在)

巻末資料 ❻　介護保険施設でかかる費用の目安

介護保険施設の１か月あたりの施設サービス費（１割負担）の目安

　施設サービス費は、要介護度や施設の体制、部屋のタイプによって異なります。自己負担は１割または２割です（居住費・食費・日常生活費が別途必要です）。

特別養護老人ホーム

● 生活介護が中心の施設

■１か月あたりの施設サービス費（１割）の目安

要介護度	従来型個室	多床室	ユニット型個室 ユニット型準個室
要介護1	約１万6,410円	約１万6,410円	約１万8,750円
要介護2	約１万8,420円	約１万8,420円	約２万730円
要介護3	約２万460円	約２万460円	約２万2,860円
要介護4	約２万2,470円	約２万2,470円	約２万4,840円
要介護5	約２万4,420円	約２万4,420円	約２万6,820円

※やむを得ない事情がある場合、要介護1、2の方も入居できるケースがあります。

老人保健施設

● 介護やリハビリが中心の施設

■１か月あたりの施設サービス費（１割）の目安

要介護度	従来型個室	多床室	ユニット型個室 ユニット型準個室
要介護1	約２万850円	約２万3,040円	約２万3,220円
要介護2	約２万2,200円	約２万4,480円	約２万4,570円
要介護3	約２万4,030円	約２万6,310円	約２万6,430円
要介護4	約２万5,590円	約２万7,840円	約２万8,020円
要介護5	約２万7,120円	約２万9,430円	約２万9,550円

介護療養型医療施設

● 医療が中心の施設

■1か月あたりの施設サービス費（1割）の目安

要介護度	従来型個室	多床室	ユニット型個室 ユニット型準個室
要介護1	約1万9,230円	約2万2,350円	約2万3,010円
要介護2	約2万2,320円	約2万5,440円	約2万6,100円
要介護3	約2万9,010円	約3万2,130円	約3万2,790円
要介護4	約3万1,860円	約3万4,980円	約3万5,640円
要介護5	約3万4,410円	約3万7,530円	約3万8,190円

施設サービスを利用したときの居住費・食費の基準費用額（1日あたり）

居住費・食費については施設と利用者との契約により決められますが、基準費用額が定められています。

施設の種類	居住費				食費
	従来型個室	多床室	ユニット型個室	ユニット型準個室	
特別養護老人ホーム	1,150円	840円	1,970円	1,640円	1,380円
老人保健施設・介護療養型医療施設	1,640円	370円	1,970円	1,640円	

居住費・食費の自己負担限度額（1日あたり）

所得が低い方の居住費と食費については、所得に応じた自己負担の限度額が設けられており、これを超えた分は「特定入所者介護サービス費」として、介護保険から給付されます。給付を受けるには申請が必要です。

区分	居住費				食費
	従来型個室	多床室	ユニット型個室	ユニット型準個室	
・生活保護受給者の方など ・老齢福祉年金受給者で、世帯全員が住民税非課税の方	490円 (320円)	0円	820円	490円	300円
世帯全員が住民税非課税で、前年の合計所得金額と課税年金収入額の合計が80万円以下の方など	490円 (420円)	370円	820円	490円	390円
世帯全員が住民税非課税で、上記に該当しない方	1,310円 (820円)	370円	1,310円	1,310円	650円

※（　）内の金額は特別養護老人ホームに入居した場合、ショートステイを利用した場合の額です。

おわりに

　最後までお読みいただき、ありがとうございました。

　ひと言で「施設」といっても、種類が多く、内容もいろいろで複雑です。現役世代の子でも理解しづらいことを、高齢の親本人が理解して、選択することはとても難しいと思います。

　在宅で受ける介護サービスであれば、「嫌ならやめる」という選択が容易ですが、施設介護は転居を伴うため、なかなかそうはいかない現実があります。だからこそ、事前の情報収集には慎重になっていただきたいのです。それぞれに心身状態や経済状態、価値観が異なるので、雑誌やインターネット上で見られるランキングや口コミが、必ずしも役立つとは限りません。Ａさんにとっては「最高の施設」でも、Ｂさんにとっては「よくない施設」ということもあり得ます。

　本書で提唱する「子が親の施設選びをする際の11か条」（P9）を参考に、ぜひ「10のステップ」（P125）を着実に進めてみてください。

　本書は、施設介護を勧める本ではありません。しかし、親が施設入居を望むならもちろんのこと、親本人は施設入居に否定的であっても、介護者までもが病気で倒れたり、介護離職をしたり、あるいは家族間が険悪になったりするのであれば選択肢として考えましょう。

　親の何よりの望みは、子が笑顔で自身の人生を一生懸命生きることであるはず。施設はそのサポートをしてくれる有効な手段になり得る存在です。

2019 年6月

太田差惠子

● 著者プロフィール

太田 差惠子（おおた・さえこ）

介護・暮らしジャーナリスト

京都市生まれ。1993年頃より老親介護の現場を取材。取材活動より得た豊富な事例を
もとに、「遠距離介護」「仕事と介護の両立」「介護とお金」などの視点でさまざまなメディ
アを通して情報を発信する。企業、組合、行政での講演実績も多数。AFP（日本ファイ
ナンシャル・プランナーズ協会認定）資格も持つ。1996年、親世代と離れて暮らす子
世代の情報交換の場として「離れて暮らす親のケアを考える会パオッコ」を立ち上げ、
2005年に法人化。現理事長。主な著書に、『遠距離介護』（岩波書店）、『親が倒れた！
親の入院・介護ですぐやること・考えること・お金のこと 第2版』『高齢者施設 お金・
選び方・入居の流れがわかる本』（ともに翔泳社）、『マンガで知る！ 初めての介護』『親
の介護には親のお金を使おう！』（ともに集英社）、『親の介護で自滅しない選択』（日本
経済新聞出版社）などがある。2012年、立教大学大学院21世紀社会デザイン研究科修
士課程修了（社会デザイン学修士）。

● 太田差惠子のワークライフバランス　http://www.ota-saeko.com/
● NPO法人パオッコ〜離れて暮らす親のケアを考える会〜　http://paokko.org/

装丁	河南 祐介（FANTAGRAPH）
本文デザイン・DTP	BUCH+
カバーイラスト	小川 真二郎
本文イラスト	古藤 みちよ（cue's）

高齢者施設
お金・選び方・入居の流れがわかる本 第2版

2019年7月12日　初版第1刷発行

著者	太田 差惠子
発行人	佐々木 幹夫
発行所	株式会社 翔泳社（https://www.shoeisha.co.jp）
印刷・製本	株式会社 ワコープラネット

©2019 Saeko Ota

＊本書は著作権法上の保護を受けています。本書の一部または全部について（ソ
　フトウェアおよびプログラムを含む）、株式会社 翔泳社から文書による許諾を
　得ずに、いかなる方法においても無断で複写、複製することは禁じられています。
＊本書へのお問い合わせについては、6ページに記載の内容をお読み下さい。
＊落丁・乱丁はお取り替えいたします。03-5362-3705までご連絡ください。

ISBN 978-4-7981-6098-6　　　　　　　　　　　Printed in Japan